崇麗書坊
CHONGLI SHUFANG

蜀都家譜

老族谱中的百姓家史

彭雄 [著]

西南交通大学出版社
·成都·

图书在版编目（ＣＩＰ）数据

蜀都家谱：老族谱中的百姓家史 / 彭雄著. 一成
都：西南交通大学出版社，2019.1
（崇丽书坊）
ISBN 978-7-5643-6518-9

Ⅰ. ①蜀… Ⅱ. ①彭… Ⅲ. ①氏族谱系 - 成都 Ⅳ.
①K820.9

中国版本图书馆 CIP 数据核字（2018）第 242235 号

崇丽书坊
蜀都家谱
——老族谱中的百姓家史
SHUDU JIAPU
——LAO ZUPU ZHONG DE BAIXING JIASHI

彭雄　著

出 版 人	阳 晓
责 任 编 辑	郭发仔
助 理 编 辑	居碧娟
封 面 设 计	曹天擎
	西南交通大学出版社
出 版 发 行	（四川省成都市二环路北一段 111 号 西南交通大学创新大厦 21 楼）
发行部电话	028-87600564　028-87600533
邮 政 编 码	610031
网　　 址	http://www.xnjdcbs.com
印　　 刷	四川煤田地质制图印刷厂
成 品 尺 寸	165 mm × 230 mm
印　　 张	15.75
字　　 数	207 千
版　　 次	2019 年 1 月第 1 版
印　　 次	2019 年 1 月第 1 次
书　　 号	ISBN 978-7-5643-6518-9
定　　 价	36.00 元

淘书记趣

余幼时家贫，四口人居于斗室之中，家徒四壁，无书可读。

记得六岁时（1972），过儿童节，父亲给钱五角及蛋一枚。余煮蛋后，忙赴成都市人民南路新华书店排队购书。这是记忆中第一次自己去购书，买到了连环画《消息树》《九号公路大捷》两册，大喜过望。及归家，蛋糊锅穿，遭老父一顿痛打，可谓喜悲交集。

十二岁时（1978），在成都春熙路儿童书店外买卖《三国演义》（连环画），被父所逮，打倒当街，大骂"不务正业"。围观者大都是同学朋友，要命的是，暗恋已久的女孩亦在其中，真是羞愧难当，急想寻一条地缝遁入。父亲不容分说，一把将余心爱之书《长坂坡》扯成两半，痛心之极！余悄悄收拾残骸，花费逾书款，买来透明胶，一一补上。

十八岁（1984）工作以后，开始逛地摊，淘旧书。爱上旧书，真是没有办法的事！新书贵，只好去拾些别人的抛弃物，学会追逐收荒匠、冷摊上寻觅、与书贾讨价还价。所幸当时不少古籍线装书也在旧书废报贱卖之列，故顺手牵来，填充书柜，不经意间也算是附庸风雅了。

大凡爱书之士，对旧书店（摊）总会有一番特别的情感。"淘书"成了不少读书人的一大人生乐趣，关键就在这一个"淘"字。原因之一，书籍因版本、年代、作者、文献价值不同，价值差别很大，"淘"就是从沙中淘金，要求淘书者独具慧眼，在知识和鉴别能力上胜人一筹，能一眼中的。其二，每本书的命运千差万别，也构成读书人爱她们的原因。旧书古籍本身就有岁月、有生命、有灵魂、有故事：她们或遭兵燹战火之灾；或遇鱼虫鼠蠹之害；或长期深锁于权贵高墙之中；或飘零散落于尘世冷摊之上。她们逆来顺受，处变不惊，其品格之高雅，身世之传奇，令人叹服。再说，物本无情，遇会心人则多生趣，无知者弃之毁之，智者惜之怜之，古人云："一人之弃物，一人之至宝也 。"过去，清苦读书人不得其书，犹如有情人天各一方，岂不痛哉！今天缘分注定两情相悦者相聚相拥，让人感到这是另一种命运。

访奇书，有如追女子，这种冲动也不知从何而来，见到自己心仪已久的绝版书，真如见到朝思暮想的情人，热血沸腾，兴奋难耐。书与人一样，也讲缘分，奇书有如旷世绝伦的美人，百年不遇。如无缘，纵使千金亦难买一笑；如有缘，猛回头，她就躺在某个地摊的角落里静静地等你。不信？假如你能静下心来，细细品读、细细倾听，或许旧书中的灵魂亦会因此而复活。

余以三十年尽心收集之旧族谱，精选数十种，择其有意趣者，研究撰文，汇集成册，献给读者。且记幼时购书趣事，历年淘书心得，权以为序。

丁酉中秋　汉籍文献库主人彭雄

自序二

但将千金谱　留与子孙读

　　家谱，又称族谱、宗谱，是以家庭为基础，以记载各姓氏血亲集体的世系和事迹为中心内容的表册书籍。通过一部家谱，我们可以了解到该家族的历史沿革、世系繁衍、生老病死、爱恨情仇、迁徙经历、婚配状况、科第宦职以及该家族的经济、典礼、丧葬、族规、家法等等私密情况。在漫长的岁月里，这些内容以书、图、志、表、史的形式记录下来，从而与正史、方志共同构成中国宗法社会历史大厦的三大支柱。

　　古语说："家之谱，犹国之史。史不作，无以知一代之圣哲；谱不叙，无以知一姓之英奇。"可见自古撰谱、修谱、续谱是何等重要之事。中华姓氏谱牒，源远流长；文化内涵，十分丰富。编史、修志、续家谱是中华民族的优良传统，其历史至少可以上溯到公元前1500年，早在殷商时代的甲骨文中就有商王原始谱系的记载。而我国现存最早的纸质家谱，是距今一千四百多年的隋唐古墓中出土的家谱残片。可以说自宋朝以来，随着雕版印刷的普及，家谱遂得以广为流行，绵延至今已一千余年。

　　笔者收藏有数十种清代民国时期的四川旧家谱，粗略研究之后发现，这批四川旧谱所录的姓氏渊源，大多非常古老，有的祖先甚至可以追溯到黄帝、炎帝；有的族谱还记录有曾子后裔，刘邦、刘备后裔，春申君黄歇后裔明末清初入蜀的故事；此外尚有成都郫县何武家族历时两千多年的繁衍记录；等等。假若没有这些旧谱薪火相传的记载，后人就很难考究清楚这些家族的来龙去脉。

一般来说，一部完整的家谱，主要内容包括：历代谱序、名人题词、世系图谱、历代源流、新旧字派、章程凡例、家训族规、科举仕宦、婚丧嫁娶、祠堂祭田、墓图风水、遗像像赞、传记年表、祭文寿文、田房契约、行状墓志、艺文著述、五服图、恩荣录等。可以说，家谱就是一部家族史或宗族百科全书，也是中华民族历史文化的重要组成部分。对家谱的整理研究，不仅能为社会学、历史学、考古学、经济学、人口学、民族学、遗传学等社会科学提供宝贵资料，在民族的亲和性方面，更有着特殊的作用。纵观现实，在世界进入 21 世纪的今天，无论对弘扬中华传统文化，增强华夏民族凝聚力，还是帮助海内外炎黄子孙寻根问祖、增强文化认同，家谱都有着重要意义与特殊价值。因此，华夏炎黄子孙，尤其是离乡背井、遍布五大洲 168 国家和地区、超过 5500 万之华裔，无一不把自己的姓氏（家族血缘的标志）与家谱（一家一族之史）视为血脉命根。毋庸讳言，在风雨苍茫的历史长河中，这是他们慎终追远、寻根问祖，证明自己的中国血统区别于异国子民的最科学、最可靠、最永久的依凭。

"未曾生我谁是我，生我之时我是谁？"寻根问根，对每个民族来说，不但天经地义，而且是不可缺少的，其皆是传统文化的重要组成部分，皆是民族历史得以延续、民族之魂得以凝聚的桥梁和纽带。千百年来，无论是真龙天子，还是庶民百姓；无论你身在乡情环绕的故国本土，还是客居风土殊异的海外他乡，只要你的血管里不息地流淌着中国人的血，在诞授血脉的祖先面容之前，就不能不油然而生虔诚之思、仰止致敬之意。

一般来说，旧式家谱无论手写本还是印刷本，其体例都不统一，文字难懂，内容庞杂不说，且修谱工作量浩大，费时、费力、费财。同时，后人翻查、续修亦颇为不易，故修有家谱且传于后世的家庭极少；寻常百姓因无力修谱，留下了一代又一代的遗憾。令人欣慰的是，随着现代经济的发展与精神文化需求的进一步提高，近些年，一些有实力的家庭开始续修家谱，海外侨胞也满怀中国文化自信、自豪之情，掀起了一股寻根问祖与体认民族文化的热潮。因此，文史机构及广大收藏爱好者应不失时机地着手发掘和整理旧式家谱，使之为社会民众服务，为延续和弘扬中华传统文化服务。

"后之视今，犹今之视昔。"保护好、研究好旧家谱并记录下今天发生的一切，就是留给子孙后代最宝贵的遗产。

2018 年 2 月 12 日　汉籍文献库主人彭雄再记

目　录

饮水思源

湖广填四川

家族的荣耀

家族的传说

祠堂　祭祀　婚丧

乡约　族规　家训

【蜀都家谱】

饮水思源

《何氏宗谱》：记录成都郫县何氏两千年传奇

目前四川共有八千多万人口，姓氏达 4183 个。据统计，前十位的大姓分别是李、王、张、刘、陈、杨、黄、周、罗、何。第十名何姓大约有八十万人，约占四川总人口的 1%。

地道老成都人何武的家谱

这一册棣华堂藏板（版）清同治十二年刻本郫县《何氏宗谱》长 42 厘米，宽 27 厘米，为汉代名臣何武的家谱，是目前笔者见过的唯一一本记载了自西汉以来两千多年宗族传承的老成都人的家谱。人或不知，现今四川的旧族谱中所记录的家族，绝大多数是从外地迁徙来蜀的。

笔者收藏的清同治十二年刻本郫县《何氏宗谱》封面，棣华堂藏板（版）

有元末明初迁蜀的；有明清时期到四川来当官，发现这里非常适合居住，"来了就不想走"，便落籍于此的；也有明末清初"湖广填四川"迁来的；其他还有因"奉旨入川""逃难入川""生活所迫入川"的迁蜀者。而土生土长的成都人的族谱则非常罕见。要知道，四川族谱与外省族谱相比较，最大的特点就是稀罕。清嘉庆八年（1803）成都竹枝词有云：

饮水思源

大姨嫁陕二姨苏，大嫂江西二嫂湖。

戚友初逢问原籍，现无十世老成都。

族谱里刊录的《汉书本传》记云："何武，字君公，蜀郡郫县人也。"

这是成都文人杨燮关于移民的竹枝词。时值嘉庆八年（1803），距离康熙年间的大移民之始已经一百余年了。最后一句"现无十世老成都"，意思是即便当时要想找到真正的"老成都"也已经很难。可见清初移民后裔，在那一时期已经被视为成都人，而要找到维系十代以上的土生土长老成都人是非常难的。换言之，嘉庆年间的成都人基本已是移民的后代，而不再是明代成都人的后裔，更别说汉代成都人的后裔了。

同治十二年木刻本《何氏宗谱》便是罕见的土生土长成都人的家谱。《何氏宗谱》记载这支何氏的祖先为何武："何武，字君公（前73—3），蜀郡郫县人也。"族谱里刊录有《汉书·何武传》的记载，称何武少有文才，十四五岁即能歌诗，汉宣帝召见了他，还赐帛嘉奖，后来何武官至大司空。史书上说他"为人仁厚，好进士，将称人之善"，说明他的心地好，提携后进，注重看别人的长处，说别人的好话。他举荐的龚胜、龚舍、唐琳、唐尊等人，后来都做到了公卿一级的高官，何武也由御史大夫升为大司空，封汜乡侯。后来王莽篡权，何武因遭到王莽迫害而自杀。

从宗谱可以看出，至少从西汉宣帝时起，何家就祖祖辈辈居住在"蜀郡郫县杨柳树何家碾"，也就是今天的成都市郫都区。

去而人思之　此之谓遗爱

据史料记载，何武为人仁厚，好提携新人，对待下属往往多注意每个人的优点。他做事也很低调，做官也没有什么轰轰烈烈的大政绩，也没有留下什么显赫的名声。但当他离任后，人们才想起他当官时的好处，故常常怀念之。史书上评他"多所举奏，号为烦碎，又称贤公……其所居亦无赫名，去后觉见思"。

苏东坡曾在宋神宗元丰五年（1082）重阳节前后，写过一篇文章，题目叫《遗爱亭记代巢元修》，这篇文章开头几句便是："何武所至，无赫赫名，去而人思之，此之谓遗爱。"后人就常常用"遗爱"这个词，来表达对一些比较贤明清廉的地方官员的称赞。

"遗爱亭"得名原委是这样的：宋代元丰三年（1080）二月，苏轼因"乌台诗案"被贬谪为黄州（今湖北黄冈）团练副使，职位相当于今之县武装部副部长。黄州太守徐君猷，敬佩东坡的品节，两人一见如故，很快成了朋友。闲暇之时，他们经常相约到安国寺。寺内茂林修竹之中有座和尚修建的小亭，他们几位朋友常常在小亭里把酒言欢，谈古论今，甚为惬意。元丰五年（1082），徐太守去任。安国寺继连法师请他们为竹间小亭取一个名字，东坡先生想了一想说："就叫遗爱亭吧。"那天在座的有东坡眉山老乡巢谷（字元修），他来黄州，于雪堂座馆教授东坡之子。巢谷通过苏轼与徐君猷相识，徐太守邀请巢谷先生为遗爱亭作记，巢谷面有难色，认为自己刚来不久，对当地人事不甚了解。为难之时，回头看看苏东坡，东坡明白其意，乃代巢谷作此文，并在标题中注明"代巢元修"。全文如下：

何武所至，无赫赫名，去而人思之，此之谓遗爱。夫君子循理而动，理穷而止，应物而作，物去而复，夫何赫赫名之有哉！

东海徐公君猷，以朝散郎为黄州，未尝怒也，而民不犯；未尝

饮水思源

察也，而吏不欺；终日无事，啸咏而已。每岁之春，与眉阳子瞻游于安国寺，饮酒于竹间亭，撷亭下之茶，烹而饮之。公既去郡，寺僧继连请名。子瞻名之曰遗爱。时谷自蜀来，客于子瞻，因子瞻以见公。公命谷记之。谷愚朴，羁旅人也，何足以知公？采道路之言，质之于子瞻，以为之记。

有位黄州领导把文中何武的"武"字解读为"脚步、足迹"的意思，很妙。"武"在甲骨文中，确实是一个人执戈而舞，这是一种"武舞"，相当于今天的三军仪仗队仪演。但联系上下文语境来看，这里显然是东坡先生用了一个"何武去思"的典故。唐代的李翰曾编过一册儿童发蒙教科书《蒙求》，其中就有"寇恂借一，何武去思"。东坡先生是四川人，想必对乡贤的事迹一定是非常了解的。

元丰五年（1082）九月，苏东坡又作了《醉蓬莱·重九上君猷》，词曰：

笑劳生一梦，羁旅三年，又还重九。华发萧萧，对荒园搔首。赖有多情，好饮无事，似古人贤守。岁岁登高，年年落帽，物华依旧。

此会应须烂醉，仍把紫菊茱萸，细看重嗅。摇落霜风，有手栽双柳。来岁今朝，为我西顾，酹羽觞江口。会与州人，饮公遗爱，一江醇酎。

东坡先生命名了"遗爱亭"后没几个月，自己也离开了黄州。公元1126年，金兵灭了北宋，1127年到1161年之间，黄州屡遭金兵的南犯，安国寺和遗爱亭在战火中俱遭焚毁。公元1170年，南宋大诗人陆游专门到黄州找安国寺，可惜"兵火之余，无复遗迹"也。

秉公执法　敢于碰硬

据《何氏族谱》所刊《汉书·何武传》记载，何武升谏大夫，任扬州刺史。他在做刺史时，时常检举犯罪的官吏。即使是俸禄两千石的高级官员，只要犯法，他也会上奏来列举他的罪状。在汉朝，俸禄两千石就是郡守、太守级别的高官。此外，何武在上奏弹劾前，一定会先让对方知道此事，如果对方认罪，那他就会给他减轻罪状，顶多至免官而已；但是如果对方知道了还不认罪，那何武就绝不姑息，上奏后定会要求对他实行最严厉的刑罚，甚至死刑。

有一次，九江太守戴圣，就是那个《小戴礼记》的作者戴圣（按：戴圣，字次君，世称"小戴"，他负责删定《礼记》四十九篇，即今《礼记》），他属当时的大名流，《三字经》中咏有"大小戴，作礼记"。他也以"当今圣人"自居，往往不把其他人放在眼里，为所欲为。史书上说他"行治多不遵守法令"。以前各任官员，皆碍于他名儒大家的身份，不敢得罪他，也就睁只眼闭只眼，宽容了他。等到何武做刺史，便巡视部属，考察刑政，审察并记录囚犯的罪状，有被检举的就将其交给郡国治罪。何武对事不对人，事事认真对待，明察暗访，居然查到"戴圣人"的头上。戴圣骂道，他何武才当了几天的官？懂不懂得什么叫官场潜规则？到处指手划足，搬弄是非！哪知何武不吃他那一套，继续调查、收集戴圣的罪证。见何武来真的，"三十六计走为上"，戴圣马上辞官，逃之夭夭。

后来戴圣调到皇帝身边做了博士（按：博士，官名，汉文帝置一经博士，武帝时置"五经"博士，职责是教授、课试，或奉使、议政），在朝廷上诽谤何武。何武听说了这件事，却自始至终未宣扬他的恶行。九年后，戴圣的儿子犯罪，被官吏捕获，拘囚在庐江（今安徽省合肥市庐江县），这案子正好落在何武的手里。戴圣暗暗叫苦，以为何武这回一定要报复自己，把自己的儿子判处死刑。没想到，何武不计前

饮水思源

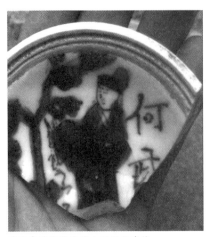

清代青花瓷器残片上所绘何武像

嫌，公正地裁决此案，没有判戴圣之子死刑。戴圣知道后，既羞愧又佩服。何武每次到京师汇报工作，戴圣都要登门拜访谢恩，以示友好。

何武断剑

何武以秉公执法著称。当时，何武获罪降职担任楚内史，后升任沛郡太守（西汉时期设置的一个郡级行政区划，管辖三十七个县）。有一次，何武碰到一桩特殊的案件，事情是这样的：沛郡有一老富翁，他的妻子给他生了几胎都是女儿。他想要一个儿子，又娶了一小妾，果然生了一个儿子。可是很不幸，小妾刚生完儿子不久便去世了。富翁年老担心自己的妻女会在其死后争夺遗产，甚至为了财产害了这个同父异母的幼子。于是，他在临终前便立了一道遗嘱：将家中所有财产都留给几个女儿、女婿，只留下一把宝剑，指名要儿子满十五岁时来继承。不久，富翁死了，由于姐姐们都分得了父亲的财产，皆大欢喜，也没有过分为难弟弟，小弟弟健康长大。他年满十五岁时，便向姐姐们索要父亲留下的那柄宝剑。姐姐们东推西指，就是不想归还。弟弟自然将官司打到衙门。大司空何武时任沛郡太守，主抓此案。当何武听完控状，立即明白了老富翁的良苦用心。老富翁是担心如果早早分了财产给弟弟，恐怕其命都难保，只好把财产分给姐姐们。老富翁或许太了解这几个姐姐，个个如狼似虎，异母弟弟年幼，又无父母呵护，万一被几个姐姐算计，可能都活不到成年。所以先得稳住她们，等儿子长大后再作计较。开庭那天，几个姐姐姐夫都到庭，何武对他们说：你们几个姐姐姐夫，这十五年来，都是吃你们父亲留下的遗产，过着幸福的生活，你们该知足了。现在，你们的弟弟已经长大成人了，你们父亲留下的那口"宝剑"，其实就是一种决断事情的象征，他的意思很明确嘛，就是让你们交出所有的财产大权，由弟弟来掌控。也就是说，从今以后，你们家族所有大小事情，都应该由这个弟弟说了算，这哪里仅仅是一口宝剑呢！

至此，众人才恍然大悟，既感慨老父的良苦用心，又称赞何武料事如神，还原了案件的本来面目。

遵纪守法　以身作则

据同治十二刻《何氏宗谱》记载："先司空公兄弟五人，长曰霸，字翁君，成帝时为中郎将，讨平夜郎。七传至褆，谱失；次即公也（何武）；三曰显，为颍川太守。生器，器生宁，宁生思，思生诗，诗生齐，齐之子曰祗、曰苞。祗后失考，苞子五人：括、拔、攀、逢、撰。攀以平吴功封西城侯；逢亦以攀功封平乡侯。括之子封关内侯。攀之子曰璋，亦嗣爵为侯，子孙遂居西城。当攀建功时，年未壮，司空公之九世孙旅在幕中，为攀划策定谋。及攀贵乃偕旅，后居西城。传五世，至光，为梁武陵王主知，金帛因复回邽。四曰英，传三世，至汶，其后不详。"（旧谱）

以上为旧谱所记录的何氏兄弟的基本情况。何武兄弟五

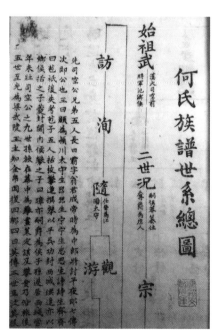

此为《何氏族谱世系总图》，记录自何武以来何家五十六代人的繁衍情况

饮水思源

人，老大何霸，老二何武，老三何显，老四何英，老五不详。他们都担任过郡吏，郡县之人都敬畏他们。三弟何显虽然当过颍川太守，但是家里还有商人户籍，按规定是要纳赋税的，但他仗着家中的威势，经常不交皇粮国税，分管税务的官员求商多次上门说明动员，没有任何作用，就只好靠舆论来发泄不满。何显听说后大怒，欲以权谋私，给求商一点颜色看看，在求商的升迁仕途上制造障碍，给只小鞋穿穿。

哥哥何武知道此事后，马上制止。他说：当官就要以身作则，难道你的思想还不如一个遵纪守法的小商贩吗？你都不率先交纳赋税，做好榜样，你还算是一个好官员吗？说得弟弟羞愧难当。最后，弟弟家补交了所有欠税款。何武认为求商是一个认真负责的好官员，敢于碰硬，不畏强权，于是便荐其做了太守身边的卒史（官职）。大家知道这件事后，纷纷称赞何武不徇私情，大公无私。

何武之死

何武后来当了御史大夫。汉成帝时设置"三公"，即大司徒、大司马、大司空。何武改任大司空，封汜乡侯，食邑一千户。

汉哀帝时下诏召举太常，王莽动了私心，欲为大司马。一日，王莽暗中跟随何武到僻静处，请求何武举荐他，何武拒绝了。几个月后，汉哀帝驾崩，王政君调王莽进入朝廷，收回大司马董贤的印绶，下诏有司举荐能够担任大司马的人。王莽原来是大司马，让位以躲避丁、傅两家，众人称赞王莽，认为他贤能。再加上他是王政君的近亲，故从大司徒孔光以下全朝廷都举荐王莽。太后最终自己起用王莽担任大司马。王莽当权后，欲报复当年不支持他的人，暗示有司上奏揭发何武、公孙禄互相荐举的罪状。结果何武、公孙禄二人都被免官。何武回到封国后，王莽的势力逐渐强大起来，担任了宰相，暗地里诛杀不依附自己的人。

元始三年（3），吕宽等人事发。当时的大司空甄丰秉承王莽的旨意，派遣使者乘坐专车查处其同党，把所有自己想杀的人牵连进去，上党的鲍宣、南阳的彭伟、杜公子……郡国中的豪杰受牵连被处死的有几百人，何武也在指控名单中。中央派来抓捕何武的囚车已经在路上，何武知道凶多吉少，愤而自杀。

众人多认为何武冤枉，王莽顺从众意，暂让何武的儿子何况继承侯爵，给何武谥号为"剌侯"。但其篡位后，马上就把何况贬为庶人。

何武死了三十三年后，其子何况才将何武墓迁葬回老家郫县。据《西京杂记》记载："何武葬于（北）邙山薄龙坂王家冢东北一里，后其子迁归于郫。"清嘉庆《四川通志》引《郫县大姓谱序》也说："子况，载武丧如北邙山瘗焉，庐其下。"如今，何武墓冢位于郫县一中校园内。郫县一中前身为"岷阳书院"，始建于乾隆十九年（1754）。人们习惯将何武墓尊称为"何公墓"，现辟为公园。

蜀中先贤　千古流芳

汉代成都出了九位先贤，其中就有何武、司马相如、扬雄、严君平等。他们的学识和品行也是家乡年轻人的楷模。宋代时，人们给他们画了像，供奉在"文翁石室"的东壁上。这座文翁石室即今天文翁路上的石室中学，建于公元前141年。当时还是汉景帝时期，文翁担任蜀郡的太守。他上任后发现当时的四川文化教育事业比较落后，于是就用石头建造了一个学校，作为蜀郡的郡学，因此后人把这所学校称作"文翁石室"。虽然早在春秋时期私学就已经十分兴盛，但是由地方政府拨款的官学，文翁石室乃是第一座，所以它既是中国第一所省级地方政府办的公立学校，也被普遍认为是世界上"最古老的官学"，至今已有两千余年。

南宋吴曾《能改斋漫录》载，宋仁宗嘉祐二年（1057），宋祁为益州牧，次年修建文翁祠堂，立像于祠，又画蜀先贤司马相如等九人像于东西壁以配祠，何武即九人之一。

又据《华阳县志》卷二十九《古迹第十九之三书院》"石室条"记载："嘉祐二年，端明殿学士宋祁来知州事。越年起，文翁祠学堂于学宫西且肖公像于祠内。又图蜀先贤严、王、扬、马等及高、朕、蒋、堂像凡九于东壁，以配祠焉。祁自为之赞，即传世之《文翁祠堂画像十赞》也。"

其中，宋祁赞何武像曰："汜乡为人，鲠固清明，疾恶比周直，鞅安行先，问儒官已，乃事事望侈德充，晚相天子，天子倚之，奸臣内僧，天丧道消，卒为贼乘，玉折不挠，身没名升。"这里"汜乡"指何武封汜乡候；身没名升，就是说他活着的时候，不觉得他有什么好处，而他死后，名声反而越来越高。

《何氏宗谱》修谱原委

同治十二年（1866）癸酉六月，何武第五十五代孙何颖清，在序中屡述何氏族人修谱、续谱的历代经过。他这样写道（为便于读者理解，以下为笔者据原文所译白话）：

我们何家的族谱，前三十二世，最初修谱是在祖公那里。之后的十代，修成于璲公。之后的七代人，续修于奎公。到了星公这一辈就修完了。在奎公没有修谱之前，我们何家的旧谱，原来是有木刻本的。到了明代，四川的旧族谱都被损毁了。《何氏续修谱》修成于崇祯五年（1630），

《何氏族谱》原谱序

地点在他（奎公）的湖南沅江官署内。那个时候，四川老家的旧谱还存。而这个续修的族谱也没有带到四川老家去。到了第四十九代星斗公，于康熙二年由沅江携带全部修好的家谱回到老家四川郫县，这部续修的《何氏宗谱》才显现出它的重要性。因为用这部族谱核对老谱所记录族中人员情况，发现因战乱而逃难、死亡、失踪的人员真是太多了。加上前后近两百年间，族人迁徙频繁，至今（同治年间），就连这部族谱也仅存这一部了。谁说这不是老祖宗的灵魂在默默地呵护它呢？就是得到这一部族

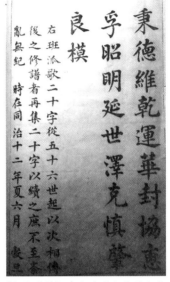

《何氏族谱》中何氏新拟定的班派歌，从第五十六代开始使用

谱，也非易事。乾隆年间，因为族人与外人为田产的事打起官司，族谱没有得到很好的保护，再加上鱼虫咬得千疮百孔，许多字都看不清楚了。我们把这本族谱拿出来一一核对，把被虫蛀的字也添补上，珍藏于书柜之中。差不多二十多年后，我于丁卯年（1800）在县城里设馆（教书），有机会与何氏族人常常在一起交流。我遍访族人中年长者，差不多用了两三年的时间，才将星公这一支的后代繁衍情况弄清楚，把所有的家族史料汇集在一起，准备刊刻出版。正好今年（同治十二年）春天，堂伯兄何开绶、叔弟何椿棣等召集何氏族众，商讨怎么样出版《何氏宗谱》，以及怎么样捐款等事项。我核查了一下，星公的后裔在县又传了十代人，但是里面所记载的内容，前辈和后辈的名字有搞错的，有重叠的，第五十四代的取名甚至直接冒犯祖宗之讳。现在我将祖父所遗留下来的班派歌载入族谱之中，好让全族人都认真执行，十天之内，将各自那一房中五十六代子孙的名字，按照班辈重新梳理更改。族中长辈又委托我仿照古谱的格式，画出星公以下

饮水思源

· 13 ·

十代人的谱系图，以便读者观览；作新的人物传记十三篇，以记录先辈的事迹，交给何开绶兄校对，没有什么错误后，就交给工人开始雕刻印刷了。在刻书将成之际，我又从县志中发现了朱邑尊、陆孝廉二位先生题写《何氏宗谱》诗序。所以就将朱陆二先生的诗刻在族谱的前头。把何家先贤的志放在后头，想必也没有错。

同治十二年癸酉六月五十五代孙县附生颖清沐手敬序

《刘氏族谱》：我的祖先是刘邦

　　刘姓人口在全球约九千万人，大陆在七千万人以上，约占汉族人口的5.4%，是中国第四大姓。在汉朝，刘姓是国姓。据统计，刘姓是人类史上登基为帝王人数最多的姓氏，没有之一。东汉、西汉、前汉、后汉，刘氏称帝封王者大约有五百多人，自古有"刘天下、李半边"之说。可以说，刘姓是中国最具影响力的姓氏之一。

三种《刘氏族谱》说原委

　　笔者的汉籍文献库藏有三种刘氏旧谱，分别是清代道光彩绘本、清末抄本以及民国石印本，这三种族谱的相同之处在于，提到他们的祖先，皆称是刘邦。不同之处在于：清代抄本讲自己是从汉景帝第七子（也有说第八子）中山靖王刘胜这里分支，后来传到刘备、刘禅；石印本说自己是从汉景帝第六子，长沙王刘发这里开始分支，传了一

石印本《刘氏族谱》中关于刘姓太始祖受封于刘地的记载

笔者收藏的部分《刘氏族谱》

百三十一代人，到了康熙年间从江西迁蜀，在四川又传了十多代人。

民国石印本《刘氏族谱》记载：从盘古开天地以来，刘氏先祖经过天皇氏、地皇氏、人皇氏、有巢氏、燧人氏、太昊伏羲氏、炎帝神农氏、黄帝有熊氏、少昊金天氏，颛顼高阳氏、帝喾高辛氏，到了唐尧。尧的第九个儿子，叫源明公，封于"刘"这个地方，源明公这一支便以封地为姓。这就是刘姓得来的最早记录，刘源明就成了这一支刘氏的始祖，他就像一棵大树的根，开始发芽生长，最终长成参天巨木。让我们看看源明公后代的丰功伟绩。

驯服一雄一雌两条龙获封"御龙氏"

《刘氏族谱》继续讲：帝尧这九兄弟，祖居山西平阳府洪洞县。父亲帝尧没有将王位传与他们九兄弟，而是禅让给虞舜。后来刘源明生一子叫刘永河，传到第十八代，叫刘累（现在其他地方的《刘氏族谱》多以"刘累"为始祖）。

族谱上说，刘累天生有异禀，手上有奇妙的纹路，他曾经向高人学得养"龙"的方法。有一天，天降一雄一雌两条龙于朝廷之上，群臣大惊，夏王命刘累御（驯服）此二龙。刘累勇敢上前，与龙"对话"（交流），果然将两龙驯服。夏王大喜，赐氏曰"御龙氏"。（按：这里"龙"，据流沙河先生讲大约指"鳄鱼"。上古时代曾把鳄鱼作为生产工具，如今之牛马。传说大禹治水，亦以"龙"作为工具。"龙"大约就是鳄鱼，一家之言，不知是否，谨录于此）刘累死后葬于南京镇江府县同安村，墓地如黄龙出洞形。

我的祖先是刘邦

《刘氏族谱》记载：刘源明这支传到第七十五代，就是大名鼎鼎的刘邦了。刘邦，字季，也是刘累公第五十八世孙，居住在沛县丰乡阳里。刘邦生下来就面相有异，史书上说"凤颜龙準，宽仁大度"。

刘邦在秦代时为泗上亭长。有一次，当差押一批囚徒去丰邑，过大泽中，有白蛇挡道，人皆畏之，刘邦拔剑斩白蛇。这天晚上，他梦见一神母在哭泣，说她的儿子白帝被赤帝斩杀。刘邦醒后，隐于砀山，遇到他们朋友萧何、曹参，起兵反秦，收沛邑子弟三千，号沛公。五年后，居然夺得天下即

石印本《刘氏族谱》中关于汉文帝、汉景帝的记载

皇帝位，定都长安，史称汉高祖。高祖曾筑台招父老饮酒，而自歌曰："大风起兮云飞扬，威加海内兮归故乡，安得猛士兮守四方。"自乙未至丙午，刘邦在位十二年后，崩于长乐宫，即陕西西安府，寿五十二岁而终。葬于长陵即陕西西安府咸阳县。高祖有二后，吕皇后、薄皇后。

传到第七十六世刘恒，即汉文帝，他是汉高祖刘邦与薄皇后所生第二子。长子刘盈，即汉惠帝，在位七年而崩，由于他没有子嗣，所以弟弟刘恒继位。刘恒娶窦皇后，在位二十三年。

传到第七十七世刘启，即汉景帝，娶薄皇后、唐皇后、贾皇后、王皇后。在位十六年，寿四十八岁。汉文帝、汉景帝统治期间，世称"文景之治"。据史料记载：当时天下人丰家足，粮食烂在仓里，串钱的索子都断了。汉景帝生十四子皆封王，长子刘彻封为胶东王，后即位为汉武帝。老六叫刘发，封长沙王。石印本《刘氏族谱》记载的这一支刘氏就是从刘发以后传下来的。老八叫刘胜，封中山靖王，后来传到刘备。清抄本《刘氏族谱》这一支就是从中山靖王刘胜这里发起来的。

石印本《刘氏族谱》记载：传到第七十八世刘发，系汉景帝第六子，封长沙定王，娶明妃，生一子苍公。从此以后，一千多年间，这

一支虽然人丁兴旺，传承有序，但是在仕途上鲜有明星出现，多以在乡务农，耕读传家，也出过少数当官的，皆七八品芝麻官一类，乏善可陈。

刘氏入蜀始祖刘国春

到了明末清初，石印本中这一支刘氏传至一百三十一代叫刘国春。康熙年间，刘国春由江西赣州府迁四川江津县，作为迁蜀第一代始祖。谱里讲述了刘氏入蜀的缘由：这一支刘氏原来居住在江西省赣州府龙南县兴堡大庄里，刘姓在那里已经发展到数千人。这里已经是人多而地少，矛盾日益增加。到康熙己亥年（1719），刘国春、刘国泰、刘国秦几兄弟听说四川地广、土肥、人稀。刘上璞与堂侄国春、国泰、国秦一同前往重庆府江津县德感坝居住。叔侄共同出钱购买了江津城内布市街房屋，前至大街后抵城隍庙祀古街为界，又购买江津县德感坝大桥屋基后龙手窖地坟一穴，海螺形，坐北向南，为上浮公、李孺人埋葬地。

雍正十年壬子年（1732），上璞公与国秦公二人自川回到故乡祖居地，将祖先的遗骸迁葬于四川江津。

入川始祖一世刘国春，字邦华，号继先，上孚公长子，生于康熙丙子年（1696）二月十八日亥时，殁于乾隆庚寅年（1770）正月初一日寅时，寿七十五岁葬于扬林坝邹家凹，亥山已向。

这一支刘氏的班辈为：上国啓高宗，祖德万年崇，仁义芳泽茂，诗书振运隆。

鼻祖汉景帝而下，派衍于江右者，迁于蜀东江津德感里者，距今又两三百年，又繁衍六支，子孙数以万计，井然不紊。

我们从《刘氏族谱》中可以查到刘邦的祖上三代，果然大有来头，刘邦的曾祖父叫刘丰，字燃，号果斋。刘丰娶了两女人：李孺女、程孺人。世居徐州府县沛县丰乡，后改为丰县。刘丰家财富有，乐善好施。刘丰死后葬于豫章，即江西南昌府千峰山，坐南向北。刘邦当皇帝后，萧何守关中，立宗庙于栎阳崇祭祀祖先。

刘邦的祖父刘荣，字仁，娶赵孺人、梁孺人。关于这位刘荣，族谱讲述了一段神奇的故事：话说沛县刘家很富有，别人都说这是天降福德于刘家，就是连上界的神仙有急事也向刘家借贷。有一天，刘家来了一个人，自称家住在江西赣州府宁都县（后改为宁都州）泰华山铜鼓村。向刘家借钱，刘荣爽快地拿出钱来，问来者："先生何时能够归还？"来人答："明年八月十五日，请您到我家里来，我连本带利一齐还清。"第二年，刘荣带着孙儿刘邦一同前往太华山收款，果见此山清幽雅趣，真是神仙居住的地方。仙人设宴招待，酒正酣，刘邦发现旁边的山岩摇摇欲坠，少年刘邦反应还算快，一个鱼跃而起，急跑十二步，跌了一跤，只听得山崩地裂，再回头，刚才聚餐处已为山石所埋。祖父刘荣因年老不便，未能得以跳脱，被活埋于此。本来是件大悲之事，来了个看风水的专家，连声说：好得很！好得很！这风水，旺子孙。又来了不少堪舆大师，看后皆说此地是一块风水宝地呀！顺着大师手指看去，这山石落处，正似仙人的肚脐儿，正是最最罕见的上上等龙穴。

清代抄本《刘氏家谱》记"湖广填四川"故事

清代道光二十八年（1848），刘氏后裔所抄《刘氏家谱》，小楷端正，记录清楚，昭穆不紊，很有研究价值，特简述大概。

《刘氏家谱》记载："刘姓太上始开山老太祖，原姓伊祁，唐尧之后，受封于刘，即邑为姓，寿一百零七岁而终，原居于南京省徐州府沛县。"古代传说上古帝尧生于伊祁山，故以山名"伊祁"为姓氏，一说"尹祁"，号"放勋"。其部族最初居住在今山西临汾西南一带。后来尧的子孙有一支以"祁"为姓，被封到刘国。久之，他们便以居住地命姓，称为"刘氏"，这就是出自祁姓的刘氏。

饮水思源

清代道光年间抄本《刘氏家谱》记载清康熙年间，这支刘姓"湖广填四川"迁到了四川新都县（现成都市新都区）落户

"太祖刘公，讳累者，实刘氏受姓之始祖也。"此《刘氏家谱》奉刘累为始祖。谱中记载："公曾于夏朝事孔甲帝，能扰龙，封为御龙氏。"

清抄本《刘氏家谱》继续记录："历夏相传约有十七世，四百五十八年，因桀无道，嗣裔去殷而就汤，在商封国豕韦。又因氏之历商约有三十余世，六百四十四年，苦纣残虐，子孙又去而归周，在周封唐杜氏，相传二百二十七年，又封杜伯。周宣王灭杜，其子湿叔晋为士……适秦后又归晋。"

清抄本《刘氏家谱》记载有"太祖刘公，讳明者，生子名远，远生昜，昜之十世孙事魏，后从梁。有太祖公，讳清者，有徒南京省徐州府沛县，历周至秦末约四十有余世，八百八十七年；我太祖刘公，讳荣，字仁生于周衰之季……三代积善，百万家赀，心存济世，施后清贫。旧传仙人引公至江西省宁都县太华山胜景，点得吉地一穴，人形脐穴，坐西向东，其华山胜景，朝朝根竹扫地，夜夜明月作灯，此真生龙口也，后出西汉十二帝，东汉十二帝，后汉二帝"云云。

清抄本《刘氏家谱》记载："高祖刘公，讳邦，字季，沛丰人也，谥沛

清代抄本《刘氏家谱》中关于祖先刘邦生平的详细记载

公。初为泗上亭长，当秦政严酷，提剑斩蛇起而破秦灭楚，不五年，而四百五十余年之天下，竟以一布衣马上定之。"刘邦出身平民，秦朝时担任泗水亭长，起兵于沛（今江苏沛县），称沛公。秦亡后被封为汉王。后于楚汉战争中打败西楚霸王项羽，统一天下。公元前202年，刘邦于定陶即皇帝位，定都长安，史称西汉。成为汉朝（西汉）开国皇帝，庙号为高祖。

生儿最多的王

清抄本《刘氏家谱》记载："太祖刘公，讳胜，受封为中山靖王，出郡为彭城，郡角音属木，凡彭城郡者皆由此祖所出也。"刘胜是汉景帝刘启的庶子，母亲为贾夫人。景帝三年（前154）改中山郡为中山国，十二岁的刘胜被册封为中山王。中山国的疆域东与涿郡为邻，西接常山郡，南连巨鹿郡，北至代郡，大致在今河北省中西部的易水以南、滹沱河以北地区。

刘胜被封为中山王时，汉武帝刚即位，朝中的大臣们都因为七国之乱的教训，恐诸侯王坐大，再发生殷鉴不远的大内乱，于是便对诸侯王进行百般挑剔，横挑鼻子竖挑眼，动不动就上告诸侯王的过失。建元三年，刘胜和代王刘登、长沙王刘发、济川王刘明一起到长安朝见弟弟汉武帝。汉武帝设宴款待他们，刘胜听见奏乐就哭了出来。汉武帝问他缘故，他借机向弟弟控诉自己被国相吹毛求疵，动不动就被进谗言。汉武帝于是要求有司不得

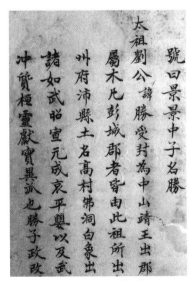

清代抄本《刘氏家谱》中关于祖先中山靖王刘胜生平的详细记载

饮水思源

再欺凌诸侯王。一时之间，刘胜被誉为"汉之英藩"。

刘胜喜酒色，光儿子就生了一百二十多个。《史记》也记载，刘胜有"子枝百二十余人"。他虽好酒色却不淫，到公元前113年，当了四十二年中山王才死去，终年五十二岁，在当时无疑是高寿了。谱上记载他是蜀汉昭烈帝刘备的十六世先祖。"太祖刘公，讳向，登翰林院职官，授光禄大夫。成帝命校正经史于天禄阁，有太乙精燃梨，著《洪范》《新序》《说苑》《烈女传》诸书传世。"

最早进行"概念营销"的人

清抄本《刘氏家谱》记载："太祖刘公，讳备，本景帝十七世孙。隐居涿郡，见贼蜂起，奋力剪除。因贼篡统志，图恢复，伸义讨贼，遂应运而登宝位，都西川，号后汉，国号章武，谥昭烈皇帝。御极三年而遐升，寿六十三……"刘备白手起家，欲鼎立于三雄之间。他逢人便说："在下刘备，中山靖王刘胜之后。"刘胜有子百二十余人，后代太多根本统计不过来，假的不怕拆穿，所以刘备才敢自称"中山靖王之后"，可见刘备是最早进行"概念营销"的人。他的这一招很管用，"中山靖王刘胜之后"的概念牌一经打出，一下子就把"织席贩履"的他提升为当时的"皇叔"，自己成了"汉室正宗"，师出有名，一切都名正言顺了。

《刘氏家谱》记载了刘

清代抄本《刘氏家谱》中关于祖先刘备生平的详细记载

"皇叔"与汉景帝的关系：景帝生十四子，第七子乃中山靖王刘胜。胜生陆城亭侯刘贞；贞生沛侯刘昂；昂生漳侯刘禄；禄生沂水侯刘恋；恋生钦阳侯刘英；英生安国侯刘建；建生广陵侯刘哀；哀生胶水侯刘宪；宪生祖邑侯刘舒；舒生祁阳侯刘谊；谊生原泽侯刘必；必生颍川侯刘达；达生丰灵侯刘不疑；不疑生济川侯刘惠；惠生东郡范令刘雄；雄生刘弘；弘不仕，生刘备，字玄德。

刘禅之后

清抄本《刘氏家谱》记载："太祖刘公，讳禅，字阿斗，国号建兴，妣张氏同葬于四川省成都府长安大路旁……禅次子名瑶，原封安定王，后隐居江夏。"蜀汉灭亡，后主刘禅被押往洛阳与魏国大将军司马昭相见，阿斗被封为"安乐公"。《三国志·蜀书·后主传》裴松之注引《汉晋春秋》云："司马问禅曰：'颇思蜀否？'禅曰：'此间乐，不思蜀。'"《三国志》记载，刘禅生有七子（一种说法是八个）。其中，太子刘璿在蜀汉灭亡的第二年即公元264年被乱兵杀害。三子刘琮在蜀汉灭亡的前一年病逝。五子刘谌见国破家亡，率家人来到太庙（刘备的庙），伤心痛哭一场之后，挥剑杀死妻子儿女，再自杀于刘备灵前，算是以身殉国。其余诸子随刘禅内迁中

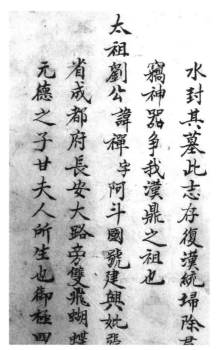

清代抄本《刘氏家谱》中关于祖先刘禅生平的详细记载

饮水思源

原，主要居住在洛阳一带。刘禅的子孙"为三都尉，封侯者五十余人"，可见他们大都受到魏政府的厚待。直至晋武帝泰始七年（271）刘禅在洛阳去世，谥为"安乐思公"。第六子刘恂嗣袭为第二代安乐公。

后代落户成都

在晋朝，刘禅子孙历七世一百五十七年。在南北朝，这支刘氏又历二百零六年传了九世。在唐朝，这支刘氏历二百九十九年传了十五世。五代时传二世历五十五年。入宋，传十九世，历三百二十年。在元朝，有几位刘氏先祖还当过官，都不大，如刘龙，字景庆，当过江西吉安府庐陵县令；刘三郎，讳开七，于胡元太祖时官授广东潮州府总制；刘广传，字锦于，官授江西瑞金县令；等等。

到了大清康熙年间，湖广填四川，这支刘姓迁到了四川新都县（现在成都市新都区）。

十四世祖公，讳帝昌，国学锡盛，谥刚毅创裕。公性笃实慈良，与人无忤，言行谨慎。公迁西蜀四十多余年，回乡五次，奉父母修整祖墓，往来川中，自置田园，家声丕振……公生于康熙丁亥年（1707）十一月十三日时，享寿七十三岁，痛于乾隆四十二年（1777）己亥岁八月初二日时，因回川省路过湖广辰州府元陵县白田头，无恙寿终，掩柩运上川省成都府新都县北门外老二甲刘家碾葬于田坝。

由此可见，湖广填四川，这些外乡人落户后，还多次往返，回故乡祭祖修墓。当年蜀道之难难于上青天，这些移民还是冲破千难万险，不忘故乡、不忘祖先，多少人甚至死在路途上，可歌可叹也！现代之人，想想自己祖先，筚路蓝缕，远离故乡，在他乡安家置业是多么不易，又是多么坚忍不屈啊，可歌可叹也！

两种清《黄氏族谱》：讲述先祖春申君的故事

2015 年热播电视剧《芈月传》收视夺冠，剧中芈月性情直爽，与战国四公子之一的春申君黄歇青梅竹马，两小无猜，情感纯粹。为了黄歇，芈月甚至可以陪他一起去死。懵懂之际，私订终身，他们度过了美好的初恋时期。历史果真如此？当然不是这样，黄歇与芈月的初恋纯属虚构。笔者这里有两种清代钞本《黄氏族谱》，讲述了黄氏先祖春申君黄歇的真实故事。

黄氏得姓之始

第一种《黄氏族谱》系四川嘉阳荣县刘家场富贵塆黄氏后裔黄学亮先生，于清光绪十八年（1892）壬辰撰写于茅庐书斋。

序前录有黄庭坚（山谷）先生诗赞：

金华江夏旧华堂，阀阅争传江夏黄。
百里化风留故迹，千年翰苑擅文章。
绵绵庆泽贻孙子，赫赫家声起汉唐。
一见谱图因起敬，令人仰慕敬高阳。

相传伯益为部落首领的时候，颛顼的曾孙陆终生六子。其中，第六子"季连"的后人"大廉"在有黄之地的光州（即今河南潢川）一带建立了"古黄国"。公元前 648 年，古黄国为楚国所灭，子孙以国为氏。这一支黄氏，后成了黄氏族人的主要来源，史称"黄氏正宗"。黄

笔者收藏清代抄本《黄氏族谱》首页

臺田一儁頊首拜撰

大清光癸巳年伏月季秋日相壁公後世
裔孫黃春圗敬錄宗譜但其間差訛之
處不敢強改照本抄錄以俟識者改正
可也

黃氏宗譜序一脈

黃氏之系始自顓頊曾孫陸終之後受封

於黃傳數世至淵公漸昌熾焉

黃江夏顓帝伯益後封于黃因氏

名重春申歇譽流江夏香子玹對日風聞

臒眲初生琬字子玹晁仲吟雷頊兆龍顧

陸終黃氏生于諱淵公生于諱奇公生于

諱修公生于諱敬公生于諱惠公生于諱

清抄本《黄氏族谱》关于黄氏始祖的记载

姓的郡望有江夏、会稽、零陵、巴东、西郡、江陵、洛阳、晋安、濮阳、东阳、松阳、南安等数十个，其中以江夏最为著名。

族谱上记载，这一支黄氏第一世始祖叫黄高，黄高在商朝汤中宗太戊朝"微为车正"（古代手工业由官府统一管理，按行业设立车正、陶正等管理工匠，职业世袭），伊尹（商初大臣）嘉奖其能干，把自己的孙女嫁给他，生了一个儿子，取名黄旺，这是黄氏这一族的第二代。

赫赫有名春申君

周赧王丁未年，这一支黄氏传到第五十代，取名黄歇，字肃夫，这就是历史上赫赫有名的春申君。他与齐国的孟尝君、魏国的信陵君、赵国的平原君并称为"战国四公子"。族谱上记载，黄歇公游历广阔，博学多识，初仕秦为宰相，因秦君无道，就谎称蓬莱山有长生不老之草，吃了人可以长生不老。他让宰相徐氏告诉秦王，遂向秦王请辞，说自己愿带五百童男前往蓬莱寻仙草。秦王同意后，随人迁到罗国，作了西德王西帝的上大夫（齐国和秦国曾经并称"东帝和西帝"）。

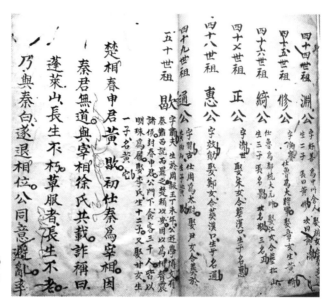

清抄本《黄氏族谱》中关于春申君黄歇的记载

永嘉二年五月十七日（抄本原文如此，应该是记录有误。司马光《资治通鉴》开篇之作记载就是这一事件："周威烈王二十三年，初命晋大夫魏斯、赵籍、韩虔为诸侯……"三家分晋为春秋与战国的分界）因晋国被韩国、赵国、魏国三家作乱分其地，号为三晋。黄歇一家人迁到湖北武昌府江夏郡仁义村居住，其被楚考烈王召为太傅，深得楚王的赏识。有一年，秦国大举出兵攻打楚国，迅速夺下两郡，又攻下都城鄢郢，直打到竟陵。情况危急，楚王被迫迁都。楚王急于求和，便派黄歇出使秦国。黄歇到秦国，对秦王说："秦和楚是最强大的两个国家，秦国攻打楚国，必然两败俱伤，反而使韩、赵、魏、齐等国得渔翁之利。不如秦楚结盟，联合起来对付其他国家。"秦王被黄歇说服了，于是停止用兵。还派使臣给楚国送去厚礼，与楚结盟，互为友好国家，保障了楚国二十多年的和平发展。

由于黄歇忠心为国，被楚考烈王任命为楚国令尹，封为春申君，赐以淮北之地十二县，公不愿而辞。王又改封古代吴国之地，春申君才同意了。他马上组织人员，改造和扩建故吴都邑，兴建水利，治理

饮水思源

申江，引来太湖之水，疏通河流，让这里水渠纵横，河道四通八达。还改造楚门为阊门，政绩显赫，深得民心。他广招贤士，门客三千余人，每日来来往往，出入其门中。他还把食客分为三等，上等客鞋子上都装饰着明珠。古人说他"门迎珠履三千客，户纳金钗十二行"。这里所谓"金钗十二行"，是指春申君娶李氏，生了十二个子。每个儿子皆配官宦人家的千金闺秀。春申君又娶甘姓女，生一子，名黄乞（有的版本作"究"），做了另一支黄姓始祖。

春申君任用贤士荀卿为兰陵令，修举法，练习兵士，以强大楚国。当时春申君有剑客三千，雄兵十万，权倾朝野，雄霸一方。

春申君之死

一代英雄，后来竟被小人所害。司马迁《史记·春申君列传》记载了春申君之死：

话说楚考烈王无子，春申君就到处找会生育的女人进献楚王。献倒是献了不少，却始终没能生儿子。春申君的门人李园带着他的妹妹来，打算进献给楚王，但听说楚王不孕不育，恐怕时间长了不能得到宠幸。于是李园就把妹妹献给春申君，不久就怀孕了。李园的妹妹找了个机会吹枕头风："不是大王没有儿子吗，现在我怀上了，别人谁也不知道。您把我进献给楚王，楚王必定宠幸我。如果上天保佑我生个儿子，将来就是你的儿子做楚王，怎么样？"春申君认为她说得有道理，便向楚王进献李园的妹妹。楚王果然很是宠幸她，不久，她果然生了个儿子，楚王果然将其立为太子，又把李园妹妹封为王后。楚王器重李园，于是让李园参与朝政。李园进宫，便担心春申君说漏秘密，就暗中豢养了刺客，打算杀人灭口。天下哪里有不透风的墙。有一次，门客朱英对春申君说："世上有不期而至的福，又有不期而至的祸。如今您处在生死无常的世上，侍奉喜怒无常的君主，又怎么能会没有不期而至的人呢？"春申君问："什么叫不期而至的福？"朱英答："您任楚相多年，名义上是宰相，实际上就是楚王。现在楚王病重，危在旦夕，您辅佐年幼的国君，因而代他掌握国政，如同伊尹、周公一样，不就等于据有楚国？这就是所说的不期而至的福。"春申君又问道："什么叫不期而至的祸？"朱英答："李园是个小人，他豢养刺客为时已久了。如果楚王一死，李园必定抢先入宫夺权并杀掉您。这就是所说的不期而至的祸啊！"春申君问："什么叫不期而至的人呢？"朱英答："您可以安排我做郎中官，楚王一死，李园必定抢先入宫，我替您做掉他，我就是那个不期而至的人。"春申君听了淡淡地说："李园是个软弱的人，我对他有大恩，他怎么能坏到这种地步呢？"朱英见自己的进言不被采用，恐殃及自身，就逃走了。

朱英拜见春申君后第十七天，楚考烈王去世，李园果然抢先入宫，并在棘门埋伏下刺客。春申君刚入棘门，李园的刺客从两侧夹击刺杀了春申君，斩下他的头，扔到棘门外，同时派人将春申君家满门抄斩。春申君与李园的妹妹所生的那个儿子便被立为楚王，这就是楚幽王。

后来，李太后与春申君当年的内幕被披露，楚考烈王弟负刍以此为口实发动政变，杀哀王及李太后，灭了李园一家。负刍自立为王。

春申君死后，奉旨葬祖畔，地点就在湖北武昌江夏郡黄鹤乡仁义村离城三十里。他的墓山的朝向是"乾山巽向"，他夫人的坟地是"戊山辰向"。他的坟前有石狮、石象、石人、石马、奴仆等列置，墓地松柏茂盛。有诗为证：

> 幼年初拜大长秋，一世垂头见烈侯。
> 马上抱鸡三市斗，袖中携剑五陵游。
> 玉箫金管迎辉院，锦绣红妆拥上楼。
> 坐向院中新贵宅，碧溪流水对门头。

司马迁的感叹：当断不断，反受其乱

太史公司马迁到春申君故地采访后，感慨地说：我到楚地，看了春申君的故城，宫室建筑多么宏伟啊！当年，春申君劝说秦昭王，以及冒着生命危险派人把楚太子送回楚国，是多么聪慧、多么高明之举啊！可是后来却被李园算计，昏聩糊涂了。俗话说"当断不断，反受其乱"，说的就是春申君失却了朱英要击杀李园的机会吧。

此册《黄氏族谱》记载，黄氏五十一世祖叫黄尚，系春申君长子，字兴乐，当过镇西将军，封安城候，娶胡女，俱葬楚岩，生子名黄植。这就是长子派下一支黄氏，一直传到第一百十九代，有三人，长子黄登庸，娶但氏；次子黄登寿，号永昌，娶女列氏；三子黄登府，娶妻虞氏，后面就没有明确的代数。不过次子黄登寿生二子黄国文、黄国武，国武号致君。这大约属于这一支黄氏的第一百二十代。国武娶吴氏生三子，曰大仁、大季、大宝。其中，大仁娶李氏还生一子，这第一百二十一代，应该是到了民国时期，只不过因最后一页破损而不能确定罢了。如果真如以上推测，那么这支黄姓家族，便一共记录了一百二十一代人，留下了差不多三千六百多年的家族史。

两种清抄本记载春申君十三子情况

长子黄尚，字兴，镇西将军，封安城候，娶胡女。

次子黄长（另一本作"尝"），大司马，兵部尚书，忠君沙场。

三子黄辉（另本作"晖"），仕秦为中郎将，鄂州刺史，娶汤女。

四子黄霸（另本作"韶"），左仆射，保驾楚见王，见秦王无道，与父春申君与刘项二将军同攻秦。

五子黄强，自幼看破红尘，入山修道，百日升仙矣。

六子黄韶（另本作"擎"）仕秦兵部尚书，大司马，左仆射，关内侯，领兵四十万，战退北番，加封左丞相镇国大将军，娶李女。

七子黄瑶，仕河州太守，给事中，娶尹女。

八子黄裳（另本作"珦"），仕南昌太守，待中舍人。

九子黄平，顺南将军（另本作"岭南将军"）临州太守，谏议大夫，娶张女。

十子黄义（另本作"曦"）泸州太守（另本作"庐陵太守"），谏议大夫。

十一子黄荣，仕周工部尚书，娶张氏。

十二子黄述，仕临州太守（另本作"临川太守"）、谏议大夫（另本作"中郎将"），娶伍女（另本作"吴氏"）。

十三子黄继（另本作"究"，又作"乞"），为金陵苏州大元帅，墓在福建延平府南平县西岸黄沙里黄登坊，有碑记可证。至今百子千孙，为官不息。（另本作"黄究"，字通亮，妣刘氏，官"金吾将军"，又作"金吴将军"）。

附作者考：第一册《黄氏族谱》抄本，从字体看，显然不止一种，可以看出第一位作者是第一百十七世孙黄学亮。学亮号顾三，字龙冈，道号石松子，别号救贫人。生于咸丰二年（1852）壬子岁七月十四日。黄学亮幼年苦读，曾与当时夏学台、钟学院等一同参加院试，以及一同参加丙子科、己卯科、乙酉科乡试。不过黄学亮屡试不售，只好设帐数十年，收生徒数百，为国家教育人才。黄学亮先生还以医道济人，人称"医中良相"。他的父亲礼斋公曾经教过他些地理知识（阴阳风水之学）。后因父亲去世，又投明师，"秘授奇门遁甲，能精形法，课卦列挨星，精通一百二十家年月，遍游天下，与人启杆改葬，寻龙点穴"。众人赠云："覆旧茔能知吉凶有准，点新穴预许富贵无差。"世称他"救贫人石松子""陆地神仙"。他还"精通诸家数学，能知过去未来吉凶如神。著有《地理丛正》之书，为传家之宝"。他娶吴姓女为妻，生四子：黄大金、黄大烈、黄大杰、黄大成。吴夫人孝顺翁姑，勤俭持家，教子有方。她是举人吴宝峰侄曾孙女，荣邑禀膳生吴公逊嫡曾孙女，庠生吴尊周之孙女，县长按入嘉府学庠生吴守铭号小楼之女，生于咸丰四年六月初三日戌二刻，荣邑上里清流乡五通坝上坝刘家河廖家湾；卒于甲子年七月初六辰时，享年七十一岁。

清抄《黄氏族谱》中的宋代旧序

第二册《黄氏族谱》是嘉庆十一年（1806）丙寅仲春月下浣，裔孙黄琮抄本。黄琮，字廷贵，号于斯，时年六十又九岁。他在序文的一开头就说："吾家族谱，祖父相传先兄，来时亦既携带。但年深月久，或残缺失次之疵，别风淮雨之讹，恐其不免，故曾阅过数家而率多乖谬错乱。于乾隆三十三年（1768）得之粤东程平镇三属雁聚所刻者，互相参考，俱各有详略，乃重新誊录……"

嘉庆抄本《黄氏族谱》中宋太宗御批的记载

中间抄有《黄氏族谱》宋代旧谱序，序中谈道："黄氏始祖出于江夏之郡，商音分派福建及浙江金华府、金华县，而迁于古之富州，改为剑江，即今丰城沅江闽跛郡。邵武禾坪，堪头鹳薮分派。古之嘉禾，改为南丰双井、盖竹等处。分派遇坪则止，遇潭则止，遇城则止，遇田则止，遇滩过镇则止。而古之楚地武昌府，实江夏之始祖、派衍于禾坪鹳薮。三妻二十一子因世乱分支，遇地安名。分派楚、浙、闽、粤等处。分徙之地廿四支，列于后也。"落款"时淳熙十三年（1186）岁甲辰二月朔日，赐进士出身御史中丞宗生洽沐敬书"。

旧谱中记载：宋太宗兴国八年（983），太宗皇帝赵匡义亲观黄氏谱，看后赞叹说："黄氏始启佐君立朝，历代簪缨，实为忠孝两全，江夏无双，庆流后裔。"

旧谱中还有乾隆八年（1743）岁在癸仲秋月吉日裔孙黄佳信序

言。黄佳信，字式浮。另有落款"丙辰进士黄士均与己未进士黄世成同阅"。据史料记载，黄世成是江西省信丰县新田人，字培山，号平庵。桐城派创始人方苞的弟子，博学有文誉。其祖父黄虞著有《墨耕堂集》《地理统宗选》。父亲黄文汾著有《云畦诗文集》《奇字考》《制艺稿》，被郡中文士推崇为"信丰黄氏三世"。

比较两册《黄氏族谱》异同

比较两册《黄氏族谱》，前本与此本有数处不同：第一册以商初的黄高为一世始祖，传到十三世为黄石，传到五十世为黄歇；第二册是以黄高的父亲黄隐为一世始祖，黄高为二世，然而十三世仍为黄石，五十世亦是黄歇。问题在哪里呢？笔者一一核对，终于发现问题出在第十一世显公处。第一册上记录了"十世昇公娶姬周女生子名显""十一世显公，娶高阳氏之女生子名坎"。第二册上就缺了"显公"这一辈人，直接是"十一世祖昇公，姓姬氏，男坎"。可见抄本之不可靠，谁是谁非，笔者暂时无法判断，除非再找到有关史料。

另外一处差异是，第一册中，黄氏第五十世祖春申君（黄歇）以后，第五十一世祖是黄歇长子黄尚。"黄尚，歇公长子，字兴乐，镇西将军，封字城候，娶胡女，俱葬楚岩，生子黄植。""五十二世植公。""五十三世霸公。"一直排到一百十九代。而据第二册的记载，第五十一世祖是黄歇第十三子黄究（一作"乞"），上面说"五十一世祖讳究，官金吾将军，男植。""五十二世祖讳植，字敬昌仕汉大夫，合葬黄坑

清代抄本《黄氏族谱》中关于黄峭山公的记载

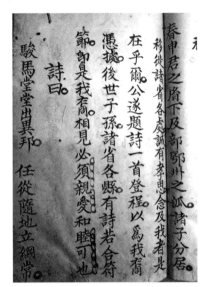

清代钞本《黄氏族谱》中记录黄峭
山公临死前，曾把儿子和夫人叫到床边，
留下一首诗，说：如果将来有人能记得
这首诗，便是我黄峭山这一支的后代

刑，男霸。""五十三世祖霸公，字次公。"不管是歇公长子所生，还是幺儿所传，居然又合上了。

最终分脉在第八十世祖峭山公之后。两谱从此以后，数十代人完全不同了。两谱对黄峭山的记载大同小异："黄峭山，字献瑞，也叫黄实登，大宋元丰元年进士，江夏太守，封奎章阁待制大学士，尚书令元丰五年追赠少保，谥文烈。娶吴女、郑女、官女。每妻生七子，共二十一子，享年九十八岁，勅葬鹤薮树下。三妻俱封一品夫人。俱葬公处。"

又有文字记：峭山公为"祥符戊申科进士"。第二册记峭山公为"宋祥符元年进士与状元王佑同榜，二甲第九名进士"。可见，三处中进士时间互相矛盾。

第一册记载，第八十一世祖是黄峭山与官夫人所生长子黄和，他是"宋大理寺丞，奉训大夫，娶女，合葬祖畔，生七子"。

第二册记载的第八十一世祖却是黄峭山与郑夫人所生第二子黄井，官至"朝烈大夫，徒江西建昌府南丰县双井头，因名井，姒林氏，生七男"。

问题又出现了，对比两种族谱，黄峭公所生这二十一个儿子中，只有官夫人所生七子，长幼顺序、名字全部吻合。吴夫人所生七子，部分吻合，但长幼顺序有异。比如第一册上吴夫人所生七子按顺序是黄政、黄化、黄瞿、黄芦、黄福、黄材、黄塘。第二册吴夫人所生七子是黄福、黄瞿、黄政、黄宁、黄林、黄芦、黄塘。

问题最大的是郑夫人所生七子，有三个版本。第一册郑夫人所生七子就有两个版本，其一为黄祖、黄潭、黄城、黄虎、黄辉、黄层、黄漳。其二为黄井、黄永、黄延、黄平、黄潭、黄发、黄橙。谱上说："考公二十一祖，旧谱所刻名讳，不相符合者多，今人之所录者，乃遵宋朝遗谱。"说明这种错误在宋代的旧谱中已经存在了，后辈也无能为力，只好照录。再来看第二册谱族，郑夫人七子分别是黄发、黄井、黄永、黄延、黄城、黄潭、黄程（橙）。

记得这诗便是黄峭山公的子孙

第一册谱中有一段颇有意思的记载，值得一提：峭山公临死前，曾把他的二十一个儿子和三个夫人叫到床边，讲了自己过去的一切。又把家产田地分作三份。其中有铜钱八百万、金银八百余秤，平均分给三位夫人。还留下一首诗，告诉后代，如果将来有子孙后裔能记得这首诗，合得上便是我黄峭山这一支子孙。诗曰：

> 骏马堂堂出异邦，任从随地立纲常。
> 年深外境犹吾境，日久他乡即故乡。
> 朝夕莫忘亲命语，晨昏须荐祖宗香。
> 但愿苍天垂庇佑，三七男儿总炽昌。

饮水思源

《余氏族谱》：流沙河先生谈铁改余

笔者所藏清代光绪年间抄本《余氏族谱》中，记载了铁木真（成吉思汗）家族谱系及其大量子孙的传奇故事。

《余氏族谱》中的神秘传说

徒弟陈国辉在古玩市场地摊上买了一册清代光绪年间抄本《余氏族谱》，说是孝敬师父，知道笔者喜欢这个。笔者粗略一翻，大吃一惊。原来这《余氏族谱》序中，竟然有一段成吉思汗家族世系考证："稽我祖始姓奇渥温，其先尧时人，本胡地蒙古部人也。奇渥温名孛端义儿，母亲叫阿兰。传说她在一天夜里见一束白光入窗，化为神感而孕。生子取名孛端义儿，其相貌奇异，沉默少言，长大后成为蒙古部落首领。传了十代，其势力愈大，其第十代子孙名铁木真，有大

清代抄本《余氏族谱》封面及内页

志，并吞诸部落，在宋临宗开禧元年称帝，号大元太祖皇帝。与宋金争战，四十三登大位，在位二十三年；崩，太子立，号太宗，在位十三年；崩，太子立，号定宗，在位八年；崩，太子立为宪宗，在位九年；崩，弟立为世祖文武皇帝，名忽必烈。忽必烈生于宋宁宗嘉定八年，志气恢宏，领各道军队伐宋，而一统天下。寿八十，在位十六年；崩，皇孙铁木尔立，号成宗，改年号曰元贞、曰大德，在位十三年。封其弟铁木健为南平王，食邑湖南，生九子一女。"这里的"奇渥温"即"乞颜"的另一叫法。《元史·太祖纪》记载："太祖法天启运圣武皇帝，讳铁木真，姓奇渥温氏，蒙古部人。"哇，真的假的？这可非同小可，如果这段记录是真的，成吉思汗的直系血脉不就藏就在我们四川乡野间？

《余氏族谱》中记载：东路元帅铁木健乃是铁木真（成吉思汗）的五世孙。铁木健娶张氏、洪氏为妻，戎马生涯，四十岁尚无子嗣。母亲潘氏盼孙心切，天天行善积德，斋戒吃素，沐浴行香，求神拜佛。此举终于感动了上天。一天，来了个疯疯癫癫的跛脚和尚登门乞讨猪头肉吃。铁木健不敢怠慢，请进家中，天天好酒好肉款待，供养三年。临别前，僧人送给铁木健一些金丹。告诉他和母亲潘氏："尔家好善，上帝定会赐尔九男一女。仙游之时，葬在牛眠山下，日后坟上长茅草时，说明会有大难临头，这时只要尔子孙折铁更姓，便可免此难。"日后果应其言。

九子十进士的故事

再看看《余氏族谱》的记载：余氏先祖铁木健，初为"东路不花元帅"，后授封"两平王"（一作"南平王"），统管湖广行省的内属国王，封地为湖广麻城。铁木健与张氏洪氏共生九子一女，张氏生秀一、秀二、秀三、秀四；洪氏生庚五、庚六、庚七、庚八、庚九。女名金莲，赘一婿，赐姓铁名弦。九子一婿俱中元朝进士，官至太守、

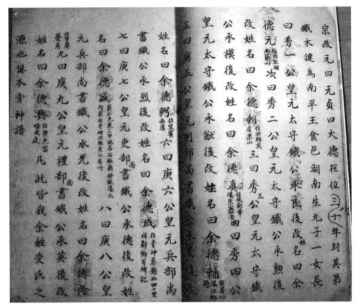

《余氏族谱》记载铁木健与张氏洪氏共生九子一女，张氏生秀一、秀二、秀三、秀四；洪氏生庚五、庚六、庚七、庚八、庚九。女名金莲，赘一婿，赐姓铁名弦。十人俱中元朝进士，官至太守、尚书一级高官

尚书一级的高官。旧谱还记载了铁氏九子改姓前后及迁徙地址：秀一公铁承良字德元，改余清。元进士授太守，子孙传于江南江西；秀二公铁承勋，字德朝，改余桢，元进士授太守，子孙传于四川嘉定、峨眉、洪雅、乐山；秀三公铁承模，字德贞，改余醇，元进士授太守，子孙传于四川成都、华阳；秀四公铁承猷，字德辅，改余和，元进士授太守，子孙传于四川温江、郫县、汉州（广汉）；庚五公铁承业字德弼，改余藩，元进士授刑部尚书，子孙传于四川宜宾、顺庆、南溪；庚六公铁承改，字德成，改余垣，元进士授兵部尚书，子孙传于四川青神、眉州；庚七公铁承德，字德胜，改余屏，元进士授吏部尚书，子孙传于四川夹江、井研、仁寿；庚八公铁承光，字德隆，改余翰，元进士授户部尚书，子孙传于四川遂宁、重庆、夔州府；庚九公铁承英，字德兴，改余芳，元进士授礼部尚书，子孙传于四川荣县、威远、富顺、犍为。

到了明代，庚六公有个后裔名叫余子俊（按：子俊明初人，去元未不远，又与修《元史》宋公善，故所记无不详实，此一据也）的，当过兵部尚书、右都御史，加太子少保衔，谥肃敏。有诗曰：

> 我祖源流麻城人，伊来西蜀不知春。
> 虽然百世儿孙属，都是全家骨肉亲。
> 在昔英雄偏烈烈，而今礼乐更新新。
> 目前穷达当相识，万朵桃花一树生。

还有一首诗曰：

> 由来始祖受元封，食邑湖南转蜀中。
> 本是一根源起发，万枝万叶任西东。
> 牛眠梧凤起威武，筍出长林盛业隆。
> 礼乐传家千万载，诗书依旧祖先风。

十进士铁改余逃隐西南

接着，《余氏族谱》又记叙了"九子十进士逃亡的故事"：元朝末年，红巾军起义，天下大乱。铁木健的九子一婿面临被诛杀的危险。为了避免满门抄斩之祸，九子一女携带家属及随从数百人往西逃窜，逃至泸州凤颈桥，准备从这儿分散逃离，各奔东西。为了让后人记住自己是蒙元皇族，十人焚香对天，盟誓：我十人子孙，永世相亲相认，倘若违背，不认宗支，短命生癞。最后每人吟诗一句，作为日后认

《余氏族谱》中关于铁木健一支的记录

·39·

县一往掋为一往青神一往重庆一往。

井研弟兄十人各吟诗句一词曰

本是元朝宰相家洪巾作乱入西涯

泸涯岸上分携手凤锦桥遟插柳枒

余姓更无三两姓一家分作百千家

十人失散归何处 悲伤思我又思他

否泰是天终是命 如梦云游浪卷沙

《余氏族谱》记载了元朝末年红巾军起义，天下大乱。铁木健的后人面临被杀的危险。为了避祸，逃至泸州凤锦桥，每人吟诗一句，作为日后认亲的凭证

亲的凭证，这十句诗是：

> 本是元朝宰相家，洪巾作乱入西涯。
> 泸涯岸上分携手，凤锦桥边插柳枒。
> 余姓更无三两姓，一家分作百千家。
> 十人失散归何处，悲伤思我又思他。
> 否泰是天终是命，如梦云游浪卷沙。

这首诗笔者曾专门请教过流沙河先生。先生讲："这首诗中所谓'泸涯'，是一个地址，应该抄错了。有的《余氏族谱》作'泸阳'的。那它到底在哪里？四川省民族研究所原研究员李先生考证说在安徽泸州府。我认为不对，从余家十兄弟分布的地区来看，皆是以泸州为中心向四面辐射开来的，而泸县就有一座桥叫'福集桥'，'凤'与'福'是双声字，可以对转；'颈'与'集'也是双声字，可以对转，古代这里可能叫'凤颈桥'，说这桥的样子很像一只凤凰的颈项。"

流沙河先生：祖先也骗人？

流沙河，原名余勋坦。记得多年前，有一次大慈寺茶聚，笔者就"铁改余"这个问题请教过流沙河先生："据说先生也是铁改余？"

流沙河先生告诉笔者："是的，我当小孩子时候，祖祖辈辈都有一个规矩，小孩子每天早上醒来，大人都要扯着小孩子的耳朵大叫三声：'记到！我们是蒙古人的后裔！'我家祖上神龛子上刻有一副对联：'九江开世泽，四涑齐家声。'肯定是说我们祖先的，但我们《余氏族谱》是清代中期修的，可惜没有康熙入蜀以前的。"

笔者带着自己收藏的《余氏族谱》，于大慈寺茶聚时，向流沙河先生请教

流沙河先生继续摆："我查了旧谱，我们这一支余姓祖上，住在扬州府泰州县大圣村军旺庄余家湾的地方。始祖良正公，康熙年间入川。再往上推，良正公之父是同吾公；同吾之父是泗春公。老族谱上记载，二公皆葬在军旺庄余家湾。良正公之了为'允'字辈，孙为'绍'字辈，曾孙为'心'字辈等排下去。"

"良正公任武职，康熙初年奉调四川成都，见城已毁，便去职为民了。先移家资阳县，后迁居彭县隆丰场化成院侧，在此终老。其子余允信迁居金堂县外北大小寺，插占百亩，娶本乡黄姓女子为妻，协力垦荒。余允信算是金堂县我们余家的一世祖。他有二子，余绍唐行医，余绍虞读书。传到孙辈，余怀管理家业，人丁兴旺，田产增至千亩，虽已致富，犹勤劳作。又传到曾孙辈，其中余纯笏迁居金堂县城，修建槐树街的余家大院，时在道光二十八年（1848），距今已有一百五十六年了。我的曾祖父在清同治年间考中二甲进士，任过广汉县官。他去世时人已经糊涂了，口中一直在说什么'新都县城隍庙有人来接他了'。于是，我们余氏子孙都认为老爷子去了阴曹地府，派到了新都县做城隍菩萨。所以，每逢金堂县槐树街（今属成都市青白江区）余氏子孙生病了，都要派人到新都城隍庙去进香，祭祀曾祖，

饮水思源

叩求庇佑。"

笔者问道："余姓后裔是否真是成吉思汗的子孙？铁木健历史上是否真有其人？"

流沙河先生说："铁木健在蒙古正史上查不到，四大旧谱包括青神谱、西昌谱、云南谱、川南谱，都有一个共同的错误，就是记载了'铁木健是元成宗同父异母的哥哥'。你想，他妈妈在嫁给皇帝之前就生了铁木健，铁木健的父亲就可能不是成吉思汗的后代，只是铁木健的父亲史书上不可考。"

"另外，古代笔记《草木子》上，列出'平西王''补花元帅'，也没有'铁木健'。内蒙古社科院的专家查到历史上有叫'铁米吉''铁米兹'的，但后代的谱又没有记载。铁木健这个人是最关键的，不过要搞清楚，恐怕要花些工夫在历史书籍中去查找铁证。"

笔者问道："听说先生曾去信泰州寻根问祖？"

流沙河先生答道："是的，我们那一支余氏曾流落到苏北（现在泰州市），是三百年前入的四川，可惜没有入川前的老家谱。大约到了清代，才留下家谱，入川以前的历史都是代代口传的，我记得祖宗牌位木板上写有'泰州大圣村军旺庄'。"

"前几年我曾委托扬州市文化局的同志，按家谱上所说'泰州府''大圣村''军旺庄''余家湾'的记载去查找。他们去了，找到了'大圣公社''军旺镇'，可就没有找到'余家湾'。那里也没有余姓大户，只有在八十里以外的'桑井村'找到大量余姓家庭，他们也说自己是蒙古人的后裔。"

"文化局的同志找来当地地方志再查，发现这支余姓家族和我们的那支对不上。泰州市电视台来接我，请我去，说欢迎我回去认祖归宗。我说不对，小地名之间不可能差那么远，更不可能在八十里以外。我没有去，去不得，不能乱认祖归宗。"

看来流沙河先生对历史的态度还是比较客观的、谨慎的。

余家湾余氏祖地终于找到了

2017 年 10 月 31 日，笔者又去拜访流沙河先生。喝了几口茶，我们又聊到《余氏族谱》。流沙河先生说："我和弟弟余勋禾去年去了一趟江苏泰州市，同行的还有泰兴市文联的四个同志。非常感谢他们陪着我，他们找到了余家湾余氏祖地，还找到了余家祠堂、余家庙，又找来当地明代编修的余氏老家谱，我终于搞清楚我们这支余姓不是'铁改余'姓。我要感谢当地的文史专家张建同志，他考证'大生公社'，现在叫'大生村'，距离'大生桥'十二里，古代叫'郡王庄'，现在叫'蔡家庄'，有个'桑井村'，又名余家湾，原来住着几千余姓。我们迁蜀祖先一定没有什么文化，把平仄声搞错了，过去讥笑他们是'平声蛮子'。突然发现，以前我可能被入蜀第五世老祖宗给骗了。他们在清初时，与青神那支'铁改余'姓的余氏联了宗。当时或许那支'铁改余'的势力很大，我的老祖宗或许在他们的'动员'下就附会上去了。或许是我们入蜀先祖没有老谱，在修族谱时，就以'铁改余'的资料，作了自己先祖的资料。我记得'文化大革命'前，我家祖上神龛子上那副对联'九江开世泽，四谏齐家声'，九江对四谏，'四谏'是指宋代庆历年间的余靖、欧阳修、蔡襄、王素四位谏官，皆敢直言。可能是祖上余靖曾给皇帝上过书，提过意见，这显然与'铁改余'的历史没有关系，当时只是有点怀疑。没有铁证罢了。"

余靖别名希古，字安道，号武溪，终谥"襄"，宋仁宗朝谏官，官至工部尚书。欧阳修所撰《赠刑部尚书余靖襄公神道碑铭并序》上说："余氏世为闽人，五代之际，逃乱于韶。自曾高以来，晦迹嘉遁，至于博士府君始有禄仕，而襄公继之以大。曲江僻在岭表，始兴张文献公有声于唐为贤相；至公复出为宋名臣。盖余氏徙韶历四世，始有显仕，而曲江寂寥三百年，然后再有闻人，惟公位登天台，正秩三品，遂有爵士，开国乡州，以继美前哲，而为韶人荣……公为人资重刚劲，而言语恂恂，不见喜怒。自少博学强记，至于历代史记，杂家小说，阴阳律历，外鎕浮屠，老子之书，无所不通。"

史料上记载，余靖生有三子六女：长余伯庄，殿中丞，早亡；余仲荀，太常博士；余叔英，太常寺太祝。孙子四人，余嗣恭、余嗣昌皆太常寺奉礼郎；余嗣隆、余嗣徽未仕。

流沙河先生继续说："我们入蜀余氏有十六班辈：允、绍、心、纯、克、鸿、懿、勋、奎、璋、庆、达、孟、进、臻、荣。'克'字辈有四个儿子，所以我们老家有一块匾就叫'四兴堂'，希望他们能兴旺发达。"

城厢镇老屋寻旧影

2010年9月的一天，笔者有幸陪同流沙河先生回老家金堂（现青白江城厢镇），作了一次小小的寻根之旅。我们先到流沙河先生弟弟余勋禾家里，他带我们穿过城厢糠市巷，往左转便进入槐树街。槐树街在城厢镇西街中间，名为街，实为一条不宽的小巷子。槐树街的老墙斑驳而沧桑。大约两百来米长、七八米宽的小街上，住着何姓、余姓、范姓三个大户人家。从这一个不起眼的地方，走出过清代二品按察使何元普、成都大学前副校长何寿以及流沙河先生。

沙老指着小巷里的房子，告诉笔者："这里曾是清代官员何元普的何家大院。何家大院门前过去还有一块大匾上书'大夫第'，因为他曾作过清朝二品按察使。如今他的后人何寿先生仍住在大院的一个小角落里。你看，这条街上还有李洪波的'李家院子'、朱家的菜园子，中间有一座土地庙。对面是'何家小院'，还有'米家花园'。"

再往前走，便见一段古老围墙，这里就是沙老的老宅——余家大院，一如《锯齿啮痕录》中所描述的，"从西街拐入槐树街口，遥望老家门墙内的五棵大槐树（流沙河先生纠正为三株），浓荫可爱，上有栖鸦聒噪……"

余家大院大门不在了，不过遗址还在，前面搭建的一间房子遮住了原貌。我们从侧面进去，有两个砖石小拱门呈左右对称，右题"毓秀"，左题"延英"。笔者不解，忙请教先生。先生答："毓秀，培养读书人也，毓，培育；秀，人才。这里过去是书房。延，生长；英，花

流沙河先生指着老宅石拱门上题写的"毓秀"二字讲解给笔者听 彭雄摄

木。延英即花木繁貌。这里过去是花园，还有假山。"

流沙河先生还给笔者介绍："这里是厅堂，原来有一块匾，上书'龙飞凤翥'。另有中堂上书对联'忠厚余地，勤俭家声'，中间题'耕读传家'。后面是堂屋，供祖先牌位，左右对联'九江开世泽，四谏启家声'，还有匾曰'国恩家庆'。" 先生在他的《锯齿啮痕录》中写道："我的老家在距离成都市八十八华里的金堂县城厢镇（该镇今属成都市青白江区）槐树街余家大院内，原是一个大地主家庭。我三岁那年随父母迁回老家的时候，家道早已式微，父辈们分了家，各自挥霍殆尽。我的父亲余营成这一房有田二十亩，算是小地主……"

笔者与流沙河先生在槐树街，老墙两百来米长，斑剥而沧桑 余勋禾摄

流沙河先生与最小的弟弟余勋禾（右）一家重访余家老院子 彭雄摄

饮水思源

余家大院，虽然搬入许多外姓居住，但整个院子基本完好，依稀还能看得见四合院庭院式建筑布局——分主房、厢房、书房等，老建筑百分之七十还在。先生还带笔者到他小时候与父母居住的那两间屋子参观。那六扇雕花大门居然完好如初。进入室内，先生道："这里曾经放着一张书桌，我每天都在那里读书写字。"又指指旁边说："这里放一张小床，我就睡在那里。里屋是爸爸妈妈的卧室，靠里有一扇门，那时就封了的，前面放一大梳妆柜。"

我们又来到余家后花园的一个角落里，那里有一小屋。先生说："这是我'文化大革命'期间居住的地方。1967年我栽的女贞子树，嗬，你看，都五六层楼高了。"出了余家大院，当年的邻居廖家、许家都来送。走到槐树街尽头，便是西街。流沙河先生告诉笔者，那里曾立有一个小门牌，上书："槐树街"三个字，落款题"光绪十九年"。可惜这块牌子已不知哪里去了。

"铁改余"孰是孰非

关于"铁改余"主要有两派观点，一种是肯定，一种是否定，问题主要集中在以下几个方面：

1. "铁木健"历史上是否真有其人？

2. "九子十进士"在元代历史上是否真有其事？

3. 余姓后裔是否真是成吉思汗的子孙？

第一个问题，前面流沙河先生讲，"铁木健"在蒙古正史上查不到。有学者在《元史》《中国通史（蒙元卷）》等资料中查找，没有发现"铁木健"；元代《三公表》《宰相表》没有"铁木健"之记载。余成文先生称"铁木健"是"铁蔑赤"之子，忽必烈之孙。而忽必烈之子铁蔑赤，据《元史》记载早亡，没有后人。"铁木健"可能是他的儿子？四川省历史学会会长谭继先生认为"铁改余"姓的先祖是铁木真。"铁木真（元太祖皇帝）为一代祖，元太祖的四子拖雷

（追尊为睿宗皇帝）为二代祖，睿宗的四子忽必烈（元世祖皇帝）为三代祖，元世祖皇帝的二子铁真金（追尊为裕宗皇帝）为四代祖，裕宗皇帝的四子铁木健（南平王）为五代祖。"然而，据《元史·宗室世系表》记载，铁真金只有三子，并无所谓第四子铁木健（南平王）。有一种观点说，"铁木健"又作"铁木见"，可能是"铁木儿"的错写，繁体字"兒"与"見"非常像，很容易错写的，不过"铁木儿"太像少数民族名字，"铁木见"像汉族名字。既然要避祸，或许有人将错就错，进一步把"铁木见"演化为"铁木健"了。元朝贵族中叫"铁木儿"或"帖木儿"的就多了，我们读史就会发现，改朝换代中出现了太多的种族清洗，所以蒙古铁木儿贵族的这种隐身，既是一种相当明智的选择，也是不得已而为之。

第二个问题，"九子十进士"在元代历史上是否真有其事？所谓"进士"有廷考进士，也有乡贡进士。"乡贡进士"的称谓是经乡试、府试两级的选拔，合格者被举荐参加礼部贡院所举行的进士科考试，进士及第以才授翰林学士。而未能擢第者，则称为"乡贡进士"。乡贡所选之贡生与官学所选之举生是有区别的。官学中有资格参加礼部科举考试者，可由官学主管机构的官吏直接举荐。而乡贡之贡生则需要经过州（府）县两级的选拔，即乡试、府试胜出者，才有资格参加礼部贡院科举考试，乡贡进士的审核程序也相对烦琐。所以都笼统算是"进士"了。当时蒙古贵族家族超级有特权，在其祖宗封地或者近亲官僚管辖地，加上自己管辖地占用的大量科举名额，拿几个"乡贡进士"的文凭，不是难事。蒙古贵族家族中出现一门几进士，然后号称"九子十进士"，也是有可能的。

第三个问题，余姓后裔是否真是成吉思汗的子孙？笔者个人认为，余姓有部分肯定是成吉思汗后裔。若干年后，当中国所有人的DNA数据库建立起来时，这个问题将迎刃而解。

中新网2006年6月2日电：据香港《文汇报》综合外电消息，一名温文的美国会计系教授汤姆·鲁滨孙经DNA测试证实是成吉思汗的

蜀都家谱 / 老族谱中的百姓家史

后人，这是亚洲以外地区首位获基因测试的成吉思汗直系后人。2004年6月，科学家塞克斯推出了Y染色体研究的书《亚当的诅咒》，称成吉思汗可能是历史上最成功的"播种者"。因为，800多年前，成吉思汗的蒙古大军横扫欧亚大陆，一代天骄拥有了数十甚至数百名子孙。成吉思汗将他的Y染色体传给了儿孙，儿孙继承了他的蒙古帝国，获得了进一步传播的机会。现在，这个Y染色体不仅广泛存在于亚洲地区，而且已扩散到全球各大洲。

《蒲氏族谱》：我们是舜帝的后裔

民国石印本《蒲氏族谱》封面

此《蒲氏族谱》存两册，长 24 厘米，宽 15 厘米。民国 12 年（1923）癸亥岁崇本堂重镌，虽写明"重镌"，实非木刻本，而是采用当时先进的石印技术，故右下方又落款"万邑大文石印局印制"。

不仅如此，这部族谱还有许多特点和亮点，比如"抚子入谱""女子入谱"等。

舜帝的后裔

蒲姓起源，其实大有来头。在族谱《三修凡例》中，修谱人谈到蒲姓锡姓始末："吾族姓始于虞都蒲坂，《禹贡》所谓'锡土姓'是也。今黄河之东有蒲子故城，即其遗地，故蒲姓郡名曰'河东'。自（蒲）衣子髫龄为帝师，此吾族姓之始也。"

《万姓统谱》记载：舜曾建都蒲坂（今山西省永济西蒲州一带），他的子孙后来又被封在这里，后代就以封地为姓，而称蒲氏。望族出

饮水思源

于河东，蒲氏后人奉虞舜为蒲始祖。

《陶寓世》又记载："故有虞氏所都蒲坂。"唐宋以前此地叫河东，元明而后改称蒲州，在山西省显州，至今还有地名叫"蒲子故城"。

<h1 style="text-align:center">蒲氏入川原委</h1>

此《蒲氏族谱》谈到蒲姓入四川始末："吾族原居湖北黄州府麻城县，自明洪武二年，始祖再兴公与弟再典、再舆偕黄、谭二姓入川。后舆公开邑（开县），典公适渠县，我祖兴卜居于，里坪甲银藏溪。后安福硐，是为吾族居蜀之始。"这里讲到的蒲姓、黄姓、谭姓三家人一同入川，在《谭氏族谱》里也有记载："谭氏兄弟，因姚黄乱世，于洪武二年二月十二日，从湖北麻城县孝感乡谭家河，与蒲、黄、谭三姓共七十八人入川。"说明此事确实发生过。

《始祖兴公自叙履历引》里讲得较为详细：这支蒲氏"原住湖北黄州府麻城县洗脚河，地名蒲家湾大石坡高阶簪（檐），住坐瓦屋三层横台，大小通共二十七间。海坝二台阶，坎一丈一尺八寸高。原祖父、伯、叔坟茔一垣九冢，均系（系）石工碑记，宅后并平所葬。居中一所祖夫妇共坟。海坝内望柱四根，父讳永榧，三十岁身任副将，为元朝之二品将军；母氏谭，诰命二品夫人。没（殁）后夫妇傍祖坟茔之右，所葬石碑记二。

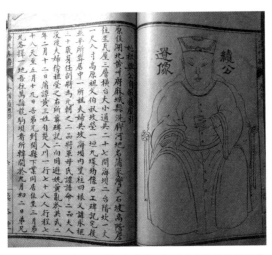

民国石印本《蒲氏族谱》中关于始祖兴公自叙履历的记载

向因避姚黄乱，于洪武二年二月十二日，蒲、谭、黄三姓自楚入川，一行七十八人，行程七十八天。至五月十九日，吾弟到开县下业，同居住坐三月，弟兄各择一地。吾往万县龙驹坝，看所转开（开县）。于九月初二日，弟兄各分一处。二弟蒲再典搬于顺庆府（南充）渠县居住；三弟蒲再舆仍住开县。吾夫妇男女八人，行程七天，至九月初八，到龙驹坝上起屋住居，耕耘两载。于洪武四年十一月初八日，移居云邑（云阳县）里坪甲银藏溪大洞。住坐耕田，永远管业，亲书墨册，愿吾子孙，万代荣昌，永远为据。时洪武四年嘉平月吉旦"。落印"蒲氏""再兴之印"。

元朝、明朝末期，四川战乱不断，人口大量耗损，加上天灾和瘟疫又接踵而至，百姓流离失所。田地荒废，烟火绝断，森林灌丛复生，猛兽四出，伤人十之一二。据记载，老虎竟跑到今重庆市大街伤人，可想当时之虎患。为了恢复和发展生产，明、清初期，从两湖、两广、江西、陕西大量鼓励移民入川，俗称"湖广填四川"。重庆《云阳志》记载："迁于明代三十三姓，其中二十六姓是由湖广迁入的。"

历次外省迁川的人口中，一是元末因徐寿辉红巾军在湖北争战而"避乱入蜀"。二是元末随明玉珍十万大军入川定居的。公元1363年正月，明玉珍在重庆改元称帝，建立大夏王朝。公元1366年病死，其子明昇继位。朱元璋派汤和率军从湖北经三峡攻重庆，傅友德率军从陕西攻巴蜀。夏灭，官军定居四川。三是李来享率众走川东，分据川湖间耕田自给。四是明初朱元璋组织从湖广移民四川。截至洪武十四年，四川人口从明初的十五万户计七十五万人左右，已增至二十一万户共一百四十六万人。

湖广填四川，路途遥远，可以想象其艰辛。而落业之地，又相当残酷无情，无论兄与弟、父与子，均各自绾草为业，互不得侵占。先落业者占据好田好地、好的生存环境，而后徙川者往往只有荒地森林、猛兽出没的边坡山区。由南、东向北和西推进。经过几代人的艰

饮水思源

辛努力，生存条件才有所改变。

《蒲氏族谱》修谱始末

《蒲氏族谱》记录了老谱成书的经过："吾族之谱，以《再兴公自序履历引》及《续纪瓜藤》一幅为起点，初以红绫书之，未付枣梨（没有刻印出版），其后因此而成谱牒。"又记录了续修族谱情况："吾族之谱，先代定以六十年一续，恐年久失考也。今当应续期间，且值末劫之时，世局靡定，兵革不休，匪徒四起，死亡搬迁，不可胜记。兼之文运渐替，尚武者众，从学者少，倘不亟为续修，奚以保五百余年井井有条之谱系于不坠哉？因集族商议，咸推崇善督理其事，但自恨不才，强为担任，欲其继继相承，不致族人贻数典忘祖之讥，非欲夸美于来者，亦非好事之为也，族众共谅之。"

同治七年（1868）戊辰仲夏月端阳节前三日，蒲氏第十四代孙蒲世禧在续修的《蒲氏族谱》序中说道（以下白话文为笔者据原文所译）：

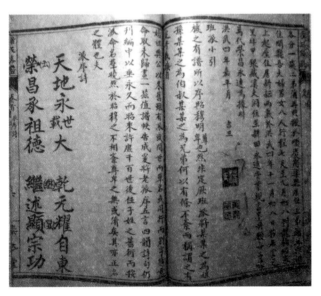

民国石印本《蒲氏族谱》中有蒲氏班派诗："天地永世（载）大，乾元耀自东。荣昌承祖德，继述显宗功。孝友嘉祥兆，忠贞福禄隆。文明光国宝，百代序从同。"

我们这支蒲氏的先祖，叫永榧公。蒲永榧三十多岁任元朝副将（武功将军），祖妣谭太夫人为诰命二品夫人。于明朝初年，他们生入蜀始祖具公。后因避姚黄之乱而偕叔季自湖北黄州迁蜀，落籍在四川云阳县之南（现属重庆市），卜宅于银藏溪。之后二十余代人生活在那里，那里（银藏溪）是一处好地方。可惜当时没有编修族谱记录人口繁衍的过程。直到清代道光年间，后裔蒲乾德曾率族众创修谱牒。经过两年的编撰，出版了《蒲氏族谱》五集。到今天（同治年间），也有四五十年的时间了。这期间，我们蒲氏后人，人文蔚起，子孙繁衍。有的族人迁到四川各地。东南西北，数以千计，散落各地，要把这些族人全部收入族谱中，想必是十分困难的。况且过去修的谱，也有许多遗漏的地方，需要添加；还有考取功名的族人、长寿的族人以及孝子、节妇、嘉言、懿行都应该记录进去。可以想象这项工作是多么的困难。所以我们召集族人，公议选择若干人总理其事，找有钱的赞助其成。我们逐户核对人丁生育情况，风雨无阻，顺利完成所有家族现况的采集，撰写完成全稿。先祖自楚来蜀，亘亘绵绵数千之源流，承承继继延五百年之世泽。我们采用欧阳修先生的方式，画出历代流源之图表；又采用苏老泉先生的方式，列出"大宗"与"小宗"之支派。使得蒲氏列祖列宗之功德，历经千百年而如同昨日，使得蒲氏长幼昭穆，阅亿万世以从同懿。

前清同治七年岁在戊辰仲夏月端阳节前三日

十四代孙蒲世禧顿首敬撰

新族谱中的亮点

随着时代的进步，民国所修谱牒与清代比，思想上与时俱进，观念上有许多变化，文明亦有不小进步。

亮点一：抚子入谱。《蒲氏族谱》凡例中如是说："随妻之继子及抚抱异姓之养子，创续两次均不收录，此次则附录之。非敢擅违祖

饮水思源

训以乱宗也。盖以民国成立，五族共合，抚抱异姓，国律所许，若必以继子、养子而割弃之，是显绝其父子之情，且忍视其烟祀无所讬矣！于双方似有未安。惟继子则注明'某姓所生'，养子则注明'某姓之子'。均依派序书更名某某以别之。"从这一段叙述我们可以看到，民国初年，人的思想观念也是随着时代的发展而进步了。过去修谱续谱，一般异姓人是不准入谱的，因为各个家族非常注重自己血统的纯正性。但随着社会的开明，不仅异姓人可以入谱，男女地位也逐渐平等。到民国后，异姓抚子、养子、继子都可以入谱了。

亮点二：媳妇的家庭情况入谱。关于这点，过去修谱鲜有记录。此谱凡例中说："老谱仅载本宗，不及外戚，今于某氏注下载其父某名者，以父、母、妻三党普重，便于查考，不妨附及也。"女子可以入谱，说明女人的地位也略有提高。

亮点三：家训中增加了一条"戒缠足"。《蒲氏家训》中除了"戒争讼""戒骄矜""戒洋烟""戒嫖赌""禁非为""除妄诞""禁奢侈"之外，还增加了一条"戒缠足"。家训上说："人莫不欲适其性，足之生长，性也。包之缠之，是不顺其性，而戕其生矣。夫无名之指，屈而不信，犹不远秦楚之路，以求若人，何独至于足而反以尖小害之？不思女子身力原不弱于男子，包缠其足，举动维艰，不惟负重致远之不能，亦酒食中馈之太苦。且血络既阻，嗣蕃愈弱，后害何堪设想！凡我族务宜力革此弊，庶陋习除而自强，有道矣。共遵之。"后面加了一条说明："非敢妄逞意见，擅改陈宪世，第以时殊也异，宜古不宜今，不能不略为变通，然不外我祖我宗持已待人，应事接物之至意而立言也。"说明家训族规也是随着时代的发展而有所调整修改，但总原则还是按照祖先规训拟定的。

蒲家发迹的传说

在万县（今重庆市万州区）南里坪甲这个地方，有一块巨大的奇石，名叫"窖银石"，石头上建有一亭子，石壁上刻有"蒲氏遗迹银藏溪"七个大字。传说蒲氏先祖蒲再兴曾在这里挖到一大块银子，大约有一千多斤重。蒲家人一夜间发了横财，得到了家族第一桶金，他们用这笔钱购买了大批田地。子子孙孙守着祖业，不断发展壮大，使蒲家成了当地有名的大户。

《云阳县志》里就有这段传奇历史的记载，《蒲氏族谱》中引用了这段文字，它是道光年间知云阳知事（县长）罗庆福写的：

邑南里坪甲有一奇石，名窖银石。古迹朗然，上建一石亭，刻有"蒲氏遗迹银藏溪"七大字。一时之缙绅先生，皆有诗序留题其上。相传蒲氏始祖再兴公，拾金数千有奇，因之发籍。历今数十叶不替，其所题诗序，不胜备录，惟采邑侯（县令）庆序文于左：辛卯之春，余宰任云安，即闻邑之南有蒲氏者，为邑中阀阅（大户、豪门），既而禧君银溪以公事来谒（访）。清谈之下，余询其命号之义，君云：'先世避姚黄乱，始祖再兴公由楚入蜀，隶籍斯土。舍之东一石峙立，石上有宝藏，侧有小溪。相传公拾金者数千有奇，爰名其溪曰"银藏"。自明初以暨今兹，继继绳绳历有年，所禧君犹世守而光大之。因以为号焉。余窃有感矣，世因有园名"金谷"，非不煜耀于一时；家号"金穴"，非不富甲于王侯。曾岁月之几何，不数传而顿归零落。为问先代所遗之财贿基业，已荡然无一存者。而是公也，少居楚，长来蜀，其克荷天休，获金不俟披沙，俨于此石，结三生之契。其子孙蕃昌，坐凭先业，历世两朝，历年五百，犹得以保世，滋大宏燕翼而庆龙光，岂地不爱宝欤？抑石之钟灵欤？而非公之德裕后昆不及此。余慕之重之，特为颜之。

道光辛卯岁仲春月知云阳知事世愚弟觉罗庆福撰

从以上文字记载来看，蒲氏先祖是极其罕见的幸运，迁蜀后"拾金数千有奇"如同今日买彩票中了特等大奖。蒲氏子孙也很幸运，五百年保持祖业不坏，子孙不断发展壮大。

蒲氏历代名贤显宦的传说

《蒲氏族谱》里有一篇文章叫《蒲氏历代名贤显宦理学甲学实录》，专门记述了祖上的光辉业绩和蒲氏名人显要。

1. 蒲衣子的传说：蒲氏先祖衣子，在少年时便聪慧异常，他居然当上了舜帝的老师。舜帝想把帝位禅让给他，衣子坚决不受。据古籍《高士传》中记载：蒲衣子是传说中的上古贤人、帝舜之师。蒲衣子常年穿一件蒲草编的粗服，所以人们称他为"蒲衣"，或"蒲衣子"。也有的古籍记为"蒲伊子""伊蒲子"。相传他淡泊名利，隐居深山之中。帝尧闻其贤，特登山造访，拜他为师，还要把天下禅让给他，蒲衣却不受而去，继续隐居在山林之间。

历史上对蒲衣子的记载主要存在以下几种古籍中：

（1）皇甫谧的《高士传》中有《蒲衣子》一文："蒲衣子者，舜时贤人也。年八岁而舜师之。啮缺问于王倪，四问而四不知。啮缺因跃而大喜，行以告蒲衣子。蒲衣子曰：'而乃今知之乎?有虞氏不及泰氏，有虞氏其犹臧仁以要人，亦得人矣，而未始出于非人。泰氏其卧徐徐，其觉于于，一以己为马，一以己为牛，其知情信其德甚真，而未始入于非人也。'后舜让天下于蒲衣子，蒲衣子不受而去，莫知所终。"

（2）庄子《应帝王》中也有关于蒲衣子的传说："啮缺问于王倪，四问而四不知。啮缺因跃而大喜，行以告蒲衣子。"成玄英疏："蒲衣子，尧时贤人，年八岁，舜师之，让位不受，即被衣子也。"

（3）晋代左芬的《万年公主诔》记载有："昔蒲衣早智，周晋夙成，咸以岐嶷，名有典经。"

2. 最早的地震专家蒲旦子的传说：春秋时期，蒲氏子孙出了一个蒲旦子，他很会观察天象，写了一书叫《地震山崩》。他大约是我国第一位地震预报大家，后来他预言的地震大都应验了。他的事迹记录

在《淮南子·人间训》中，说他的能力，没有人能超过他。（按：笔者查《淮南子·人间训》，并无此人记录）

3. 蒲将军的传说：在秦末，有一位蒲姓后裔参加了项羽讨秦的战争，因功被楚怀王封为"当阳君"（一说当阳君为英布）。怀王传令让项羽担任上将军，蒲将军归项羽属下。当阳君蒲将军率领二万大军渡河参与著名的巨鹿之战。后又率军破函谷关，先于项羽攻入咸阳。

4. 铸剑高手蒲元性的传说：在三国时期，先祖蒲元性，在斜谷口为诸葛孔明铸造了三千口大刀，是当时铸刀剑之高手，所铸刀剑削铁如泥，赢得"神刀"之名。姜维曾作《蒲元别传》赞美他："君性多奇思，得之天然，鼻类之事出若神，不尝见锻功，忽于斜谷为诸葛亮铸刀三千口。熔金造器，特异常法。刀成，白言汉水钝弱，不任淬用；蜀江爽烈，是谓大金之元精，天分其野，乃命人于成都取之。有一人前至，君以淬刀，言：'杂涪水，不可用。'取水者犹捍言：'不杂'。君以刀画水，云：'杂八升，何故言不杂？'取水者方叩首伏云：'实于涪。津渡负倒覆水，惧怖，遂以涪水八升益之。'于是咸共惊服，称为神妙。刀成，以竹筒密内铁珠满其中，举刀断之，应手灵落，若生刍，故称绝当世，因曰'神刀'。今之屈耳环者，是其遗范也。"

5. 宋代状元蒲宝：蒲氏由隋唐到宋代，又出了许多读书人，考取进士者不少，当大官者不少。宋代的蒲宝，四川富顺人，南宁中宗开禧年间考取了状元，南宋灭亡后，宝公不愿在元朝当官，隐居乡下，虽一生贫困，亦不忘读书学习，迄今重庆还建有古名贤坊来纪念他。

6. 《聊斋志异》作者蒲松龄：清代淄川蒲松龄公，字留仙，以文章风节名著一时，与新城渔洋山人王世贞是好朋友，著有《聊斋志异》一书，脍炙人口，光耀史册。

饮水思源

·57·

《宗圣家谱》：曾子的故事

《宗圣家谱》简介

乾隆二十年（1755）木刻本《宗圣家谱》书影及笔者汉籍文献库所藏各种版本的曾氏家谱

笔者所藏各种版本的曾氏族谱有四种：乾隆二十年（1755）木刻本《宗圣家谱》（上、下册）、一册清代抄本《武城曾氏族谱》、一册清代刻本《敕封圣宗族谱》、一册影印本《武城曾氏族谱》。其中，清乾隆二十年（1755）木刻本《宗圣家谱》最为精美。此谱长39厘米、宽28厘米，两册厚4厘米，乾隆年间由曾作霖主持重修，棉纸精印，封面题《宗圣家谱》。曾子名参，字子舆，春秋时鲁国武城人，他是至圣先师孔子的弟子，以"事亲至孝，悟圣道一贯之旨"，而被后世尊称为"宗圣"。《宗圣家谱》卷首刊有康熙《圣祖仁皇帝上谕十六条》以及《御制训饬士子文》，边框为神龙祥云图案，大意为"敦孝悌以

清代刻本《敕封圣宗族谱》中的宗圣（曾子）画像

重人伦""教化育人"之类。

此谱有宋熙宁七年程颢作《曾氏首序》，又有杨时（龟山先生）、欧阳修、文天祥、解缙等历代名家为族谱作序文二十二篇。后有莱芜侯像（曾子父）及像赞、宗圣像（曾子）及像赞、关内侯像及像赞、祠堂图、屋场图、坟山图等数十幅精绘木刻版图。

族谱中历代帝王御制勅文包括《圣谕十六条》《御制训饬士子文》《宋绍兴十四年高宗御制勅文》《嘉靖十八年高成祖文皇帝御制勅文》《清仁皇帝御制勅文》等。历代如此多的皇帝为曾子"颁发奖状"，这是古今族谱中所罕见的。曾氏后人将其作为巨大的荣耀而载入谱册。谱中另有《凡例十条》《家训十二条》《朱子治家格言》《五服图》《班行序》《宗圣公庙制》《源流世系表》《历代祖赞节赞》等内容。此谱记录了从黄帝到乾隆年间四千多年的家族历史，每一代都昭穆分明，且保存完整，就连搜罗详备的《中国家谱综合目录》亦未见著录，实为罕见珍本。

曾氏得姓始末

据《宗圣家谱》记载：曾子的祖先是上古圣君大禹王的后裔，舜帝因大禹治水有功而将王位禅让给他。大禹还是"五帝"之一的颛顼高阳氏的裔孙，而颛顼高阳氏则是黄帝轩辕氏的嫡孙。这样一步步推溯上去，后世的曾姓人当然也是最正宗的黄帝子孙了。

《宗圣家谱》还记载，曾氏之先祖本是黄帝后裔"中兴明君"少康，少康封其子曲烈于鄫国。鲁襄公六

乾隆二十年（1755）木刻本《宗圣家谱》曾氏派源图，以黄帝发派

饮水思源

年，莒国灭了鄫国，鄫国世（太）子巫投奔鲁国。后来世（太）子巫去掉"鄫"字的"邑"字偏旁，改为"曾"，从此有了曾姓。

《宗圣家谱》前有程颢（程颢、程颐兄弟俩师从于周敦颐，世称"二程"，同为北宋理学的奠基者，其学说在理学发展史上占有重要地位）作《曾氏旧谱序》。程颢先生说："曾氏子孙中，曾点、曾参皆事孔子。西汉末年，曾子的后裔曾据避王莽之乱，迁到江西之庐陵吉阳乡。曾氏子孙在那里传了二十五代，有曾珪、曾旧、曾略兄弟三人。后来他们又分别迁徙，只有曾珪一个家族还留在吉阳。曾珪的第五代孙叫曾延辉，他又生了四个儿子。四个儿子分东、南、西、北四宅居住。东宅住曾崇鼎，他后来中了进士，又迁新淦的石人坪；西宅住曾崇德，号玉山先生，也迁到新淦石人坪。我（程颢）当时正好旅游到那里，在他家休息时，曾玉山先生捧出他家的老族谱，请我作序。我细细看后，便开始思考一问题：一个家族的历史，必然有一个开始，也必然有这个家族生存发展下来的道理。我们从曾氏家族不可缺失的一环中看到，从古至今，曾氏一脉相承、一气贯之的那个道就是爱，就是仁慈。推而广之，假如人们都能坚守为人之道，则天下太平，家族兴旺。由此看来，这哪里仅仅指曾氏一家一族呢？"（以上为笔者据原文所译）

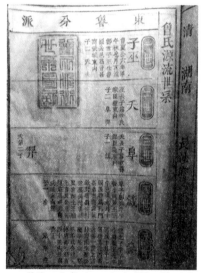

乾隆二十年（1755）木刻本《宗圣家谱》曾氏派源图，以太子巫为一世祖，曾子为五世祖

《宗圣家谱》中还有邹元标先生的序，落款"万历戊申岁仲夏月吉旦赐进士第一资德大夫太子少保左都御史生邹元标顿首撰"；有杨时先生的序，落款"熙宁七年八月望友弟杨时书"；

欧阳修先生的序，落款"熙宁四年孟秋之吉，翰林学士尚书吏部郎中知制诰充史馆修撰欧阳修顿首书"。从这些序言中我们可以得知这一支曾氏先祖的迁徙路线，说明这一族谱与其他几种不同，这一支我们称之为"庐陵谱"，其他称为"武城谱"。

欧阳修先生序中说："曰点、曰参，为孔门高弟。俱不显仕，迁居武城，著书立言。《大学》《孝经》，传之无穷。垂教万世，参封宗圣，配享文庙。"

族谱中，值得一提的还有文天祥先生在南宋景炎元年二月十五日写的《曾氏学善之家记》，文中谈到曾玉山先生与杨时曾经一起讲学："学甫，别号玉山先生，熙宁年间发解江西盐运使，不果仕。既而与其族曾无逸及杨诚斋讲明明德之学，而以诚意为主，必毋自欺，能自慊，乃可止至善。朱新安（朱熹）推许之，以为当世学者，莫之能及。其子立中，遭末季之乱。贼至临江，吉安以城降。余（文天祥）提督江西，起兵勤王，立中率临吉豪士从之。恢复诸城，诸郡纳款。余自巴山还庐陵，止于玉山书院。立中曰：'此先君子讲明明德之学于兹者。'余曰：'此又子舆氏后之得其宗者。'为书善之家以记之。时南宋景炎元年二月十五日，吉州文天祥书记。"

两种《武城曾氏族谱》简介

影印本《武城曾氏族谱》前言中说（以下为作者据原文所译白话）：

《武城曾氏族谱》系我宗族八十余世的繁衍记载，不仅属我曾氏家族的宝贵遗产，也是我们伟大中华的重要文物之一，盖先祖曾参为孔子之得意门生，在文化、政治、道德、伦理各方面均有卓越成就。

《武城曾氏族谱》是先辈遗传给四川资州（即今资中县）后裔保存下来的，惟（唯）因时久，原本保管不善，故有变色及残损现象，

饮水思源

但为求真实，故按原样誊印出来，供我族人体察先辈越世经历。

翻印《谱谱》目的：一是表达后裔敬祖之情，二是供我族人崇拜祖辈在历史上的光辉业绩，三是仰求学识渊博的族亲，作为研究历史的可靠资料。

清代抄本和影印本《武城曾氏族谱》书影对照

翻印《族谱》工作比较烦琐，蒙中国科学院光电研究所印制厂文印服务部的大力支持，特此鸣谢！

四川资州八十一代后裔曾正森谨识

公元一九八七年七月

四川资阳曾子后裔曾正森先生，找到一册清代抄本《武城曾氏族谱》，可惜前面有数页破损严重，并有缺页。抄本第三页署"板藏金堂县柒拾九派裔孙钦章家存"。说明这部曾氏族谱以前是有木刻本的，而且就可能在四川金堂县（县治今改为成都青白江区城厢镇），曾子第七十九代孙曾钦章家里。这不过是照着刻本手抄而已。

20世纪90年代，笔者在古玩市场地摊上，先买到此影印本。不想机缘太巧，数年之后，又在地摊上淘到手抄原本，两者一对照，居然一模一样，你说奇也不奇？

曾子的父亲

据《宗圣家谱》记载，武城曾氏第一世太子巫生子天；第二世曾天生子阜；第三世曾阜生子箴（音"点"）；第四世曾箴（通"点"）生曾参。

曾点，又名，字皙。春秋时期鲁国南武城人，孔子门徒中七十二贤人之一，也是儒家一代传人"宗圣"曾参之父，后封莱芜侯。

家谱中有宋人对曾点画像的赞颂，赞曰：

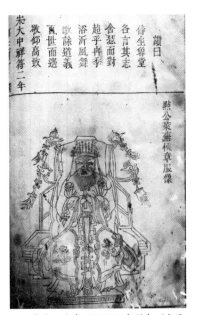

乾隆二十年（1755）木刻本《宗圣家谱》点公莱芜侯章服像

　　侍坐鲁堂，各言其志。
　　舍瑟而对，超乎冉季。
　　浴沂风舞，歌咏道义。
　　百世而遥，敬仰高致。

据《论语》记载，有一天，孔子与学生曾点、子路、冉有、公西华坐在那里聊天。孔子请同学们谈谈各自的志趣。孔子和其他三位同学讨论的时候，曾点在旁边悠闲地鼓瑟。孔子听了子路他们三人对未来的打算后，转过头来问曾点："点啊，你的志向呢？"

曾点的瑟声逐渐放慢，接着"铿"的一声停止，站起身来，回答说：

"老师，我和他们的想法有些不一样。"

"好啊，没关系，说说看。"

"我幻想在暮春三月，阳光灿烂，春暖花开，邀请五六个好友，

清代同治年间刻本《孔子圣迹图》中的"四子侍坐"描绘的正是这次著名的师生对话

带上六七个童儿，着春装，在沂水边玩玩水，在高坡上吹吹风。尽兴了，载歌载舞而归。"

"哇！太妙了。"夫子感叹道，"我欣赏你的情趣。"

孔子认为曾点的回答，思想水平超过了其他同学，可以说表达了人们对安详、自由生活的向往，对悠闲人生的憧憬。故古人在赞颂他的时候用了"敬仰高致"四个字。

孔子评曾参："参也鲁"

曾点的儿子曾参，在十六岁时奉父命到楚国，拜师孔子。后来曾参取得巨大成就，与父亲严格教育分不开。曾点教子之严，乃至于苛，在当时是出了名的。他坚信"黄荆条子出好人"、孩子"三天不打，上房揭瓦"。据《孔子家语》载，有一次，曾点叫儿子去瓜地锄草，曾参不小心将一棵瓜苗锄掉。父亲认为儿子干活不专心，便一棍子打下去。曾参竟然没有躲，他觉得让父亲消了气才是最大的孝顺，所以站在那里一动不动，让父亲打。由于出手太重，曾点将儿子打昏。当曾参苏醒后，立即退到一边"鼓琴而歌"。为什么他还鼓琴唱歌？大概意思就是想告诉父亲，儿子并没有因为被误打而愤愤不平，我现在身体好着呢，也没有因为被打而伤了身子，父亲大人您放心吧。孔子知道此事后说："你蠢啊！你爸用一根小棍子打你，你就忍住，让他打；如果你爸抄起大棒子，你还不跑？如果他把你打伤打残，岂不让你爸背上残忍的骂名？这样做怎么称得上孝子呢？"曾参真切地反省了自己，连连点

清代刻本《敕封圣宗族谱》封面

头，他说："参罪大矣!"孔子说"参也鲁"，就是鲁钝。但反过来，也正因为曾参规规矩矩，能恪守礼数，克己复礼，故孔子才将孔门心法真传给曾参，他才能大器晚成，取得巨大的成就。这也是曾参鲁钝加勤奋的结果。

曾子生平略述

鲁定公五年（前505）十月十二日，曾参生于鲁国南武城。这一年，孔子四十七岁。曾参性情沉静，举止稳重，为人谨慎，待人谦恭，以孝著称。虽家境贫寒，犹能刻苦学习，从小便跟随父亲读了很多圣贤书。

鲁哀公五年（前490），曾参十六岁，好读书，奉父命从学孔子。他拜孔子为师，勤奋好学，颇得孔子真传。一生积极实践和推行以"仁孝"为核心的儒家主张，传播儒家思想。他的"修齐治平"的政治观、"省身慎独"的修养观、以"孝"为本的孝道观影响中国两千

饮水思源

聖祖仁皇帝上諭十六條

敦孝弟以重人倫　篤宗族以昭雍睦　和鄉黨以息爭訟　重農桑以足衣食　尚節儉以惜財物　隆學校以端士習　黜異端以崇正學　講法律以儆愚頑　明禮讓以厚風俗　務本業以定民志　訓子弟以禁非為　息誣告以全善良　戒匿逃以免株連　完錢糧以省催科　聯保甲以弭盜賊　解讎忿以重身命

乾隆二十年木刻本《宗圣家谱》中的《圣祖仁皇帝上谕十六条》

多年，至今仍具有极其宝贵的社会意义和实用价值。

鲁哀公十三年（前482），曾参二十四岁。孔子的高足颜回病故。颜回是孔子最喜欢的弟子，他悟性高，对长者恭敬、谦虚，凡事不迁怒于人，好学亦安贫乐道。孔子认为颜回最能懂他，一个眼神或一句话，颜回就能懂。颜回可惜死得早。颜回死后，曾参就成了孔子学说的主要继承人。

鲁哀公十五年（前480），曾参二十六岁。孔子呼而告之，说：“曾参啊，我的道就是用一个基本的思想贯穿事情的始末，你知道吗？”曾参答：“好的，我知道，夫子之道，忠恕而已矣。”孔子感到满意，亲以《大学》授曾参，曾参遂成为孔子学说的主要继承人和传播者。

鲁哀公十六年（前479年），曾参二十七岁。是年，孔子卒，终年七十三岁。孔子临终前将孙子孔伋（子思）托付于曾参。后来子思又传孟子。所以，曾参上承孔子之道，下启思孟学派，对孔子的儒学学派思想既有继承，又有发展和建树，具有承上启下的重要地位。

鲁哀公二十年（前475），曾参三十一岁。父曾点病故，曾参“泪如涌泉，水浆不入口者七日”，以后“每读丧礼则泣下沾襟”。他说：“慎终追远，民德归厚矣。”意思是谨慎地对待父母的去世，追念久远的祖先，自然会导致百姓日趋忠厚朴实。

鲁悼公三十一年（前436），曾参七十岁。是年，曾参有病卧床不起，把弟子们叫到跟前说：“你们掀开被子，看看我的脚和手，都保全得很好吧！我一生正如《诗经》里说的‘战战兢兢，如临深渊、如履薄冰。'小心谨慎，以保其身。从今以后，我知道身体能够免于毁伤了。孩子们，要记住啊!"

曾参病重时，朋友孟敬子去看望他。曾参对他说："鸟之将死，其鸣也哀；人之将死，其言也善。君子所应当重视的道有三个方面：注重仪表，神情庄重，这样可以避免粗暴、放肆；脸色一本正经，这样就接近于诚信；说话时言语小心谨慎，这样就可以避免粗野和悖理。"这些道理现在看起来也还是很有意义的，对于个人道

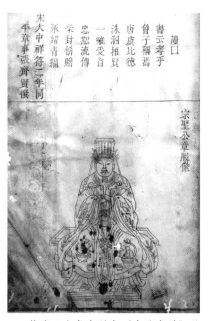

乾隆二十年木刻本《宗圣家谱》绘《宗圣公章服像》

德修养与和谐人际关系有重要的借鉴价值。

鲁悼公三十二年（前435）曾参七十一岁。一天夜里，病危中的曾参躺在床上，儿子曾元突然看到了床下铺着一层华美的竹席，便对父亲说："这样华丽的竹席只有大夫才能用啊。"曾参突然意识到身下铺的席子是鲁大夫季孙氏送给他的。他想，自己一生没做到大夫，铺大夫的席子有僭越之嫌，马上招呼儿孙们把席子换下来。儿孙们认为曾参现在病重不适合，还是等到天亮再说吧。曾参坚持说："你们要是真的爱我，就应该来成全我的道德啊！我要死的人了，还有什么奢求呢，如果能够得到正道而死，我就心满意足了。"没等更换的席子铺好，他就死了，终年七十一岁。

曾子是儒家正统思想的正宗传人，对孔子的思想"一以贯之"。他参与编辑《论语》，著《大学》，写《孝经》，作《曾子》，后世尊其为"宗圣"，配享孔庙，在儒学发展史乃至中华文化史上均占有重要

饮水思源

的地位。不仅如此，关于曾参还有许多流传久远的典故，其言其行，对民间社会影响甚为深远。

乾隆二十二年木刻木《宗圣家谱》中宗圣公章服像赞曰：

> 书云孝乎？曾子称为。
>
> 唐虞比德，洙泗推贤。
>
> 一唯受旨，忠恕流传。
>
> 荣封敕赠，永耀青编。

曾子的传说一：曾参避席

有一次，曾参在孔子身边侍坐。孔子就问他："以前的圣贤之王有至高无上的德行、精要奥妙的理论，用来教导天下之人，人们就能和睦相处，君王和臣下之间也没有不满，你知道它们是什么吗？"曾参听了，明白老师是要指点他深奥的道理，马上从席子上站起来，走到席子外面，恭恭敬敬地回答道："我不够聪明，哪里能知道，还请老师指点。"

古人皆席地而坐，宋代以后才普及使用椅子。为了表示对对方的尊敬和自己的谦逊，"避席"是一种非常礼貌的行为。当曾参听到老师要向他传道授业时，他站起身来，走到席子外向老师请教，这充分表明了他对老师的尊重。

宋绍兴十四年高宗御制赞曰：

> 大孝要道，用训群生。
>
> 以纲百行，以通神明。
>
> 因子侍师，答问成经。
>
> 事亲之实，世为仪型。

曾子的传说二：曾参杀猪

曾参深受孔子的教导，不但学问高，而且为人非常诚实，从不欺骗别人，甚至是对于自己的孩子也是说到做到。

有一天，曾参的妻子要去赶集，儿子哭着叫着要和母亲一块儿去。于是母亲骗他说："乖乖，待在家里等妈妈，妈妈回来给你杀猪猪吃。"儿子信以为真，一整天都待在家里等妈妈回来。

傍晚，孩子远远地看见妈妈回来了，他一边三步并作两步地跑上前去迎接，一边笑喊着："妈妈，杀猪了！杀猪了！"

妈妈说："杀什么猪？我逗你玩的！"

儿子"哇"的一声就哭了。曾子闻声而来，问清了事情的原委，他二话没说，转身就回到屋子里，举刀出来，直奔猪圈。

妻子急了："你干啥？"

曾参答："杀猪啊，你不是答应孩子要杀猪给他吃的？既然答应了就应该做到。"

妻子说："我只不过是说着玩的，何必当真呢？"

曾参说："对孩子就更应该说到做到了。不然，明摆着就是叫孩子学大人撒谎嘛！父母都说话不算话，以后有什么资格教育孩子呢？"

妻子惭愧地低下了头。夫妻俩真的杀猪给孩子吃了。

可见曾参不但学问高，而且言出必行，做人也非常诚实。

明成祖文皇帝御制赞曰：

> 养亲惟在悦亲心，亲悦心安孝足钦。
>
> 自古几多为孝子，当时谁复似曾参。

饮水思源

曾子的传说三：啮指痛心

古代"二十四孝"中有一则"啮指痛心"的故事：曾参年幼时，一次上山打柴，家里忽然来了客人，曾母不知所措，就用牙咬自己的手指。曾参忽然觉得心疼，心想家中肯定有事，忙背起柴迅速回家，跪问其母。母亲说："有客人忽然到来，我咬手指想让你知道，果然灵验了。"除故事流传外，后人尚以诗颂之：

母指方才啮，儿心痛不禁。

负薪归未晚，骨肉至情深。

清仁皇帝御制勑赞曰：

守约而博，学恕以忠。

一贯之传，三省之功。

得道圣门，养志舜同。

格致诚正，万世所宗。

这里主要赞扬曾参勤奋好学，一日三省吾身，深得孔子喜爱的事迹。有人问他为什么进步那么快，曾参说："我每天都要多次扪心自问：替别人办事是否尽力？与朋友交往有没有不诚实的地方？教的学生是否学好？如果发现自己做得不妥，就立即改正。"

曾子的传说四：曾参杀人

曾参的家乡有一个与他同名同姓的人。有一天，那个"曾参"在外面杀了人。一时间，"曾参杀了人"的风闻席卷曾参的家乡。

一个邻居跑来告诉曾参的母亲"不好啦，曾参杀了人了！"邻居其实并没有亲眼看见杀人凶手。而是从一个目击者那里得知凶手名叫"曾参"的。曾参的母亲一向以儿子为骄傲，他是孔子的好学生，怎么会干伤天害理的事呢？曾母听了邻人的话，不惊不忧。她一边安之若素、有条不紊地织着布，一边头也不抬地对那个邻人说："你一定搞错了，我儿子怎么会去杀人呢！"不久，又有一个人跑到曾参的母亲面前说："曾参真的在外面杀人啦！"曾母仍然不去理会这句话，她还是坐在那里不慌不忙地穿梭引线，照常织着自己的布。又过了一会儿，跑来第三个报信者，对曾母说："现在外面议论纷纷，大家都说曾参杀了人。"曾母听到这里，心里骤然紧张起来，急忙扔掉手中的梭子，关紧院门，端起梯子，越墙从僻静的地方逃走了。

以曾母对儿子的了解和信任，其对"曾参杀人"的说法应是百分之百不相信的。然而，谎言说了一千遍就成了真理，到头来也会动摇一个慈母对自己儿子的信任。自古流言可畏，所谓众口铄金，可见一斑。古人云："人身七尺躯，谨防三寸舌，舌上有龙泉，杀人不见血。"世人不可不防。

曾氏后裔避王莽之乱迁居庐陵

据《宗圣家谱》记载，武城曾氏第一世太子巫，生天；第二世曾天生阜；第三世曾阜生点；第四世曾点生参；第五世曾参生元、申、华；第六世曾元，第七世曾西，第八世曾钦，第九世曾得（去掉双单人），第十世曾羡，第十一世曾遐，第十二世曾炜，第十三世曾乐，第十四世曾浼，第十五世曾旃，第十六世曾嘉，第十七世曾宝，第十八世曾琰，第十九世

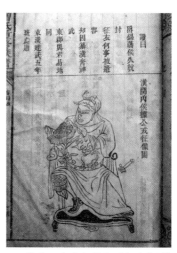

乾隆二十年木刻本《宗圣家谱》绘《汉关内侯据公戎征像图》

饮水思源

曾据。曾氏后裔自曾据南迁前，世居鲁武城，故称武城为曾氏第一发脉地。

曾据，字恒仁，宗圣曾参第十五世孙（太子巫第十九世孙），汉元帝元年戊寅（前43）正月初七日，出生在山东省嘉祥县南武城。官至都乡侯，有功加封关内侯。关内侯是

清刻本《宗圣家谱》中关于曾据的记载

秦汉二十等爵位中第十九等，仅低于列侯。有其号，但无封国。一般对立有军功将领的奖励，皆封有食邑数户，有按规定户数征收租税之权。

西汉末年，王莽篡位。曾据耻事新莽政权，率族人从嘉祥携族人二千余南迁，时间大约在公元10年前后，迁往江西庐陵吉阳乡（今江西吉安）。曾据南迁后，崇宗念祖，将"三省传家"信条作为座右铭和精神支柱，激励子孙后代，南宗遂繁衍昌盛起来。江西吉阳乡被曾氏后人称为曾氏的第二发脉地，尊曾据为南迁始祖。

《宗圣家谱》记载：曾据南迁后生子曾阐、曾场。曾阐十七世传到曾丞，其后裔在唐、宋时，已分别衍徙广东、福建、湖南、湖北、四川、贵州、山东、陕西、江西各地。第三十八世曾丞，官至司空兼尚书令，居庐陵吉阳，生子曾珪、曾旧、曾略，为"老三房"。曾珪居吉阳，曾旧徙云盖，曾略徙抚州。曾场生曾承，家虔州，为虔州房。曾场十二世孙道始家交州，为交州房。曾丞长子曾珪，配萧氏，生五子：曾宽、曾绰、曾丰、曾晖、曾隐，后分别衍居吉阳、吉源、袁州、广州、泉州等地。曾珪与妻萧氏合葬吉阳黄田堡鸡公山亥山巳向。曾珪生曾宽，曾宽生曾庄，曾庄生曾庆，曾庆生四子，第三子为曾伟，做过唐代御史大夫。注意，《圣宗家谱》这一支便是从这里分

派的。家谱继续记载：曾伟生延辉，曾延辉做过散骑常待、镇南节度使、银青光禄大夫、国子祭酒兼御史等官职；曾延辉又生四子，分别是崇鼎、崇德、崇鄩、崇祯，他们分居东、南、西、北四宅。西宅居睦陂，分新陂龙潭古巷大湖顾山王坑大岗。崇德生三子曾澄修、曾敬、曾丛。

宗圣曾子墓图

曾子墓到底在哪里？有两种说法：一种认为在济宁嘉祥县，一种认为在临沂费县。

据清代抄本《武城曾氏族谱》所绘《宗圣墓勅续修》图，其文字记载详细："墓地在山东济宁州嘉祥县城南四十里，南武山西南元寨山东麓。冢高七尺。弘治乙丑（1505）奏修。乾隆乙亥年（1755）六十八代翰林博士兴烈奉旨修茸，报销库银六百三十二两有奇。余祥志。"具体地点、维修时间、所有银钱，可以说曾余祥先生记录得非常详细。

又据《嘉祥县志》记载：曾子墓是在明成化三年（1467）重新修建的。因当时在修墓处，有人陷入一穴中，得悬棺，其前石碣上刻有"曾参之墓"字样。于是嘉靖皇帝敕命在此修建曾子墓。

据清光绪《费县志》记载："莱芜侯既葬武城，曾子未闻他徙，亦葬武城耳。"《费邑曾氏谱》云："墓在武城境之土桥"亦有同样记载。清末李景星《费县乡土志》也有"葬县境"之记载。清杨佑廷《费邑古迹考》说："乾隆四十三年礼部咨复山东巡抚国泰，准宗圣

清代抄本《武城曾氏族谱》中手绘曾子墓地图

曾子墓设立奉祀生一名，与莱芜侯墓同，是宗圣墓在费县有明征矣。"据说曾参死后葬于其父曾点墓东一千五百米处，原略低于曾点墓。武城曾参、曾点墓在"文化大革命"中被夷为平地。1998年春，魏庄乡政府将曾参墓迁建至曾点墓东北五十米处。

《吉阳等处地全图》的文字记载："其地在江西吉安府有庐陵永安乡，即古吉阳。保太八年，分庐陵水，东下都置吉水县，东宅显贵赐乡曰迁莺里曰显亲。至和二年，置永丰县。以迁莺隶永丰，遂为永丰人。"《吉阳老屋八景合图》的文字记载："其地在吉安府古吉阳乡。十五代据公自山东徙此，遂为望族。旧重土著，刊八景作二图于谱，兹将二图约绘上上下下而席之，虽似一图，究亦二图至图四灵等件删旧谱而不载者恭避之也。"

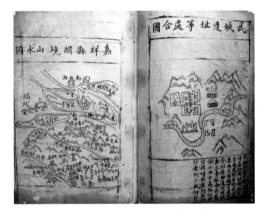

清代抄本《武城曾氏族谱》绘有《嘉祥县合境山水图》 《吉阳老屋八景合图》的原文记载

一门四宰相

南轩张栻宋太子太傅公亮公赞曰：

中州文献，遗绪可征。

稽古力学，进退持衡。

五曹铨总，四勾协寅。

阜伊让德，周召堪伦。

曾公亮（999—1078），字明仲，号乐正，泉州晋江人。北宋著名政治家、文学家。他的父亲曾会当过刑部郎中。他的儿子曾孝宽，又当上右丞相。到了南宋又有曾怀、曾从龙等人位极人臣。一家子共出了四宰相、一状元，人称"曾半朝"或"一门四相"。

曾公亮平生著作很多，编撰《新唐书》，撰《唐兵志》三卷、《唐书直笔新例》一卷。此外，还有《英宗实录》三十卷、《元日唱和诗》一卷、《勋德集》三卷、《演皇帝所传风后握奇阵图》和《武经总要》。其最主要的成就是主编《武经总要》。这部兵书共四十卷，分前后两集，是一部中国古代军事科学的百科全书。

元丰元年（1078），公亮公逝世，享年八十岁。神宗临丧哭泣，为他辍朝三日，并追赠太师、中书令，俾以配享英宗庙廷，谥号"宣靖"。到下葬时，神宗还亲自撰写碑首，名为"两朝顾命定策亚勋之碑"。凡此种种，可见其一生之辉煌。

按：张栻（1133—1180），字敬夫，又字乐斋，号南轩，称南轩先生，又称张宣公。南宋四川绵竹人，张浚之子。南宋初期学者、教育家，与朱熹、吕祖谦齐名，时称"东南三贤"。后与李宽、韩愈、李士真、周敦颐、朱熹、黄干同祀石鼓书院七贤祠，世称"石鼓七贤"。

关于曾氏家族班辈说明

《宗圣家谱》录有《应辅公派下班行叙》云：

（应辅）公宗圣公六十二代孙，据公四十七代孙。据公之祖父，原居山东，不仕新室，避地豫章，徙吉州太和吉阳乡。传及泰诚公，徙湖楚，卜居黄荆塘。传至十七代孙，应辅公，支分派衍，旧立班行二十字一相传，并无一派之不同，一支之有讹。萝仕子友祖，福受永兴隆，时正乾坤大，光辉日月明。清皇帝驾幸武城，因念及公一脉千古流同源，勑赐一十五字以为班次，自六十三世从'弘'字列起：弘闻贞尚衍，兴毓传继广，照宪庆繁祥。今皇清乾隆二十七年乙亥岁(1762)，子姓蕃衍，汇订家乘，新立班行二十字凡：忠义立朝纲，孝行定炽昌，尊宗崇典训，贤哲绍书香。

　　　　　　　　七十四代裔孙坤铉黄杨氏熏沐敬撰

　　过去孔、孟、颜、曾四家被称作"四圣"，而这四家的家谱，所排的字辈是完全一样的，即所谓"通天谱"。意思是普天之下，全世界只有这"四圣"家谱的字派是一样。在山东曲阜，孔府诗礼堂，贴着一张乾隆九年二月十七日的告示，内容乃是乾隆皇帝赐给孔府的三十个字作为行辈，凡孔氏家族都要遵照三十个字行辈取名。如果不依字序，随意取名的，不准入家谱。民国9年（1920），孔子第七十六代孙"衍圣公"孔令贻，上报民国批准继三十个字后，又续了二十个字。

　　附录孔、孟、曾、颜后裔行辈五十字：希、言、公、彦、承、宏、闻、贞、尚、衍、兴、敏、传、继、广、昭、宪、庆、繁、祥、令、德、维、垂、佑、钦、绍、念、显、扬、鼎、新、开、国、运、克、服、振、家、声、建、道、敦、安、定、懋、修、肇、益、常、裕、文、焕、景、瑞、永、锡、世、绪、昌。

　　乾隆皇帝曾经先后八次朝孔，并于乾

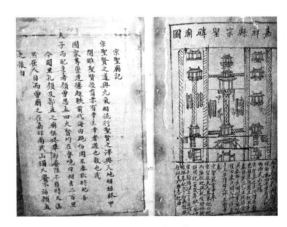

清代抄本《武城曾氏族谱》绘有《嘉祥县宗圣砖庙图》

隆九年赐给孔府三十个字与《宗圣家谱》所录字派略不同：

> 希言公彦承，弘闻桢尚衍。
>
> 兴毓传继广，昭宪庆繁祥。
>
> 令德维垂佑，钦绍念显扬。

1920 年，孔子第七十六代衍孙孔令贻又续二十个字，就和《宗圣家谱》所录完全不一样了：

> 建道敦安定，橘修肇益常。
>
> 裕文焕景瑞，永锡世绪昌。

宗圣庙今昔

《宗圣家谱》录有《宗圣公庙制》规定："前殿正安宗圣章服像，前主后寝庙安小像、历代祖考，主前两庑安元申华西及门人。主宗圣门，三间棂星门。左右义路，礼门东边。"

嘉祥县曾庙，又称曾子庙、宗圣庙，是历代祭祀孔子著名高足曾参的专庙。曾庙始建于周考王十五年（前426），原名"忠孝祠"。明嘉靖九年（1530），曾参被改封为宗圣曾子，故曾子庙又称"宗圣庙"。"宗圣庙"建筑雄伟，碑碣林立，古柏森然，是山东省著名的古建筑群之一。嘉靖九年重建后的曾庙，当时仅有正殿、寝展、东西庑、戟门各三间。嘉靖十年，又于庙右创建莱芜侯祠三间。明弘治十八年（1505），山东巡按金洪因庙制简陋，奏请扩修，正德九年（1514）完工。嘉靖、隆庆年间，曾庙两次毁于战火。万历七年（1579），曾子六十二代孙五经博士曾承业奏请重修。当年九月动工，年底竣工。这次重修，奠定了现在的布局和规模。清顺治、康熙、乾隆、光绪等年间又曾多次进行修缮。曾庙是一处极具代表性的我国古代官式建筑群体，迄今保留了鲜明的明代建筑风格。

历代帝王对曾子的封赠

　　曾子自唐高宗始有封赠，宋有追加。宋度宗时升列四配。明正统时重建专庙。明嘉靖时，访求曾子后裔，授以世职。

　　汉灵帝光和元年（178），敕画曾子像于七十二子之中。

　　唐高宗总章元年（668），赠曾子为太子少保。

　　唐睿宗太极元年（712），加赠为太子太保。

　　唐玄宗开元八年（720），特塑曾子像坐于十哲之次并谐御制曾子赞。

　　唐玄宗开元二十七年（739），赠曾子为"郕国伯"。

　　北宋大宗祥符二年（1009），晋升为"瑕邱侯"。

　　北宋徽宗政和元年（1111），改封为"武城侯"。

　　南宋度宗咸淳三年（1267），升"郕国公"。

　　元文宗至顺元年（1330），加封为"郕国宗圣公"。

　　明世宋嘉靖十八年（1539），敕封曾子为"宗圣公"。

　　明嘉靖十二年（1533），曾氏东宗嫡派后裔被封为翰林院五经博士，子孙世袭。一直到民国3年（1914），七十六代翰林院五经博士曾繁山改封奉祀官。民国24年（1935）改称宗圣奉祀官。

【蜀都家谱】

湖广填四川

《张氏家乘》：记录张大千先生祖先入蜀

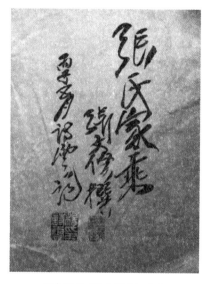

笔者所藏《张氏家乘》封面

此《张氏家乘》一册不分卷，由张大千先生的四哥张正学先生所撰。张正学又名揖，字文修，生于光绪十一年农历十二月二十一日（1885年1月25日）。早年张文修曾在资中张孟筠家教家塾，又受聘于重庆求精中学任教。后以医道享誉京、津、沪、蜀，为四川四大名医之一。张大千曾随张文修习字读诗，受益良多。1972年11月27日，文修公病逝于内江。丁亥秋大慈寺茶聚，成都杨诗云先生赠我《张氏家谱》手稿复印本。

大千先生先祖概述

据此谱记载：张氏第一世至第三世的情况，因家谱被焚无考。

张氏祖籍广东番禺，第四世高祖张德富康熙年间从湖北麻城入蜀，候补简放内江知县，颇有政声。任期满后，张德富不愿再为官，于是在内江一泗滩黄家庙购置田产房屋，归息田园，以耕读传家。

第五世高祖张德玉，雍正二年甲辰（1724）三月初六日丑时生于内江县中江里桐麻沟，嘉庆八年癸亥（1803）元月初十日巳时殁于中江里铁炉沟，葬于王家湾，享年八十上寿。

第六世高祖张应高，即大千先生的高祖父，乾隆乙酉年（1765）

十二月初八日亥时生于内江县安仁里大石鼓，殁于道光乙未年（1835）冬月初一日亥时，葬于大石鼓，辛山乙向，享年七十岁。

七世曾祖父张用廷，即大千先生的曾祖父，乾隆乙卯六十年（1795）八月廿九日戌时生于内江中江里铁炉沟，殁于光绪己卯年（1879）二月廿九日巳时，享年八十四岁，葬李家湾马龙嘴。当时阴阳堪舆先生说："这块地风水宝地大吉。"

八世祖即大千先生的祖父张朝瑞，道光元年辛巳（1821）生于内江中江里元坝子，殁于同治壬申（1872）三月廿七日，享年五十二岁。墓葬马鞍山高屋基。此地向李姓人家购得。张朝瑞生了二个儿子，长子叫张忠才，次子张忠发，张忠发即大千先生的父亲。

大千先生先父母亲简介

张氏第九世祖，即大千先生父亲张忠发，字怀忠，号悲生，生于咸丰十年庚申（1860）三月三十日戌时，出生在内江县西乡安仁里罗坝子滩湾。殁于民国13年甲子（1924）三月廿六日戌时，地点在江苏省松江府华亭县马路桥西寓所。葬于松江恒春行桥西，买夏姓之地，宽五丈，长十六丈。民国己巳年（1929），迁葬于安徽省郎溪县东乡花荣园，乙山辛向。

大千先生母亲曾太夫人，名友贞，咸丰十一年辛酉（1861）冬月廿四日子时生，系内江县西乡安仁里新井沟人。生子女九人，其中有两个女儿。长子及五、六、七子均早殁；次子张正兰（张善子），儿媳李氏，继儿媳黄氏、杨氏；三儿张正齐，儿媳罗氏；四儿张正学，儿媳刘氏、周氏、孙氏；八儿张正权（大千先生），儿媳谢氏，未配天，继儿媳倪氏，亦未配退，继儿媳曾氏、黄氏又纳姬杨氏名婉君；九儿张正玺，儿媳蒋氏；大女儿张正恒，适潘姓人家，次女未成年即夭。

太夫人嗜书画，性至慈，唯教子及媳则不稍辞色。早年家庭万分拮据，太夫人售画以糊口。殁于丙子（1936）五月十六日未时，享年七十六上寿。太夫人临终遗嘱，她死后，须停枢三年始葬。正兰公等遵其遗命，停枢于城厢新安会馆，每日请天主堂神父作弥撒，早晚三次，以慰太夫人在天之灵。本拟定三年后落葬，殊不知第二年（1937）抗日战争全面爆发，郎邑被日机炸毁，幸蒙教堂神父将太夫人灵枢移入天主堂内，才得以无恙。抗日战争结束后，儿媳孙曾同至郎邑，太夫人灵枢始安葬于植林场花园，与夫怀忠公合葬。

大千先生兄弟姊妹概况

张大千先生这一辈是第十世，属"正"字辈。张家班次是"正心先诚意，国治本家齐，温良恭俭让，子孙永保之"。为什么张家班辈从第十代才开始使用呢？原来大千先生的爷爷"不戒于火，将家乘焚毁，九世祖尚属髫年，致将班次忘记。兹遵九世祖遗命，着由十世起另拟二十字作班次，俾后辈有所遵循，免子孙多日久年，烟同属本支，视如陌路也"。（张文修记）

张家老大和老二是一对双胞胎，生于光绪八年壬午（1882）五月廿七日卯时，出生地点在内江县城外象鼻嘴堰塘湾。由于老大早夭，老二张正兰（善子）就相当于老大了。二哥正兰公官名泽，字善子，幼喜任侠击剑，读书通五经百家，由师范校优等毕业充内江中小学教员。公性好古，工书善画，尤精画虎，自号"虎痴"，人称"虎公"或直呼"老虎"。

正兰公后游学东瀛，入日本明治大学经济科，又入美术专修科学习。归国后，初任四川乐至盐场知事，继调南部、阆中，又调乐山、蓬安、遂宁、潼川各地盐场知事。后调北京任总统府咨议、财政部金事、国务院咨议、直鲁豫巡阅使顾问等职。又外放察哈尔丰兴凉清丈局局长、察哈尔造币厂总务科长、商都县县长，俱有政声。后以太夫人病剧辞去各职，转上海奉母。

湖广填四川

民国 26 年（1937），抗日战争全面爆发，正兰公率眷属返川，曾在武汉、昆明、重庆等地开画展，作抗日救亡之宣传。后以振济委员名义，去欧美募捐，全数汇回国内以振灾民，所到之处，颇受欢迎，为法国总统、美国总统以上宾之礼款待。并获美国旧金山斯坦福大学名誉法学博士称号。民国 29 年（1940）10 月回国，在重庆染痢疾，引起糖尿病症复发，医治无效，不数日，在歌乐山宽仁医院去世，终年五十八岁。

三哥张正齐，名信，字丽诚，生于光绪十年（1884）甲申二月初六日申时，生于内江县安良里堰塘湾。公自幼习商业，稍长，措资自营杂货摊，继营布匹批发，一帆风顺，获利甚丰，每年置田产，买铺面修座宅，家中由此称富。

民国 11 年（1922）创办福星轮船公司，股众以公能力强，推举为宜昌公司经理，经营有方，连任六年。公办事认真，一丝不苟。后公任南洋烟草公司经理，正值获利，中日变起，长江中断，运输困难。三哥张正齐为大千先生求学、拜师、学画、东渡日本深造等活动提供了大量经济支持。

1953 年，公由黔返渝，1957 年迁四川简阳县（今简阳市）洛带镇，深居简出，粗茶淡饭，在洛带生活了二十多年。1957 年被错划"右派"，其中艰辛，一言难尽。1977 年 4 月 26 日病逝于洛带医院，葬于重庆南岸南山乡大雁大队，终年九十三岁。

四哥张正学，名揖，字文修，生于光绪乙酉年（1885）十二月廿一日戌时。生于内江县象鼻嘴堰塘湾，出生后过继给本族中人。

公少聪慧，喜读书，十九岁入邑痒。遇朝廷废科举，遂当兵，又不忍做杀人事业。后教过书，经过商。经商时，遭遇骗子，损失两万余金，精神打击很大。遂淡泊名利，既不想做生意，又不愿走仕途，跟着两个哥哥在外面一番闯荡后，终于找到适合自己的路，那就是"不为良相，即为良医"。公精研医术，于杂症之外，特专妇孺二科。

民国 25 年（1936），始以医道向世，在上海悬壶济世，不想数月间，门庭若市，就诊者络绎不绝。民国 26 年（1937）冬，遇日寇侵华，公见难民苦，诊金不取一文，治愈大疾不少。

1949 年，内江解放，公任四川省人民代表、内江市政协副主席。1972 年 11 月 27 日，公病逝于内江埝塘湾张家老宅，葬于内江东兴镇西林寺附近，终年八十八岁。

十世张正权，名爱，字季爱，号大千、大千居士。生于光绪二十五年（1899）四月初一酉时，生于内江县（今内江市）安良里象鼻嘴堰塘湾。公生而有异，母亲曾太夫人，生他前曾梦见一只黑猿入怀。公天生聪颖，迥异诸兄，年仅十八岁，须发如戟；性嗜古，喜书画，留学东瀛归上海任教授，拜良师李梅庵、曾农髯两公之门下，师古法，如八大、石涛，公摹之，皆可以假乱真；所绘人物、仕女、花鸟，老进宋元。

公喜游名川大山，如五岳、黄山、罗浮、青城、峨眉、夔门、剑阁等。国外之富士山、金刚山莫不有公之游迹。

公精鉴赏，富收藏。书画之真伪，一览而无不知。公未及三十岁，即得大名；三十之后，出游名胜，王公名流，莫不倒屣相迎，争作东道之主。国内妇孺，贩夫走卒，莫不识张大千者。

公初聘谢氏名舜华，未配夭；继聘倪氏，公由日本归来，见其疯痴而退婚；续聘曾氏，生女儿心庆；再配黄氏，生子：长心亮，名雅各；次心智，名哑佛；三心一，名保罗；四心虚，名蒙初；五心玉，名琳初。生女心瑞，名拾得；心裕，名复得。在国外者，不复记忆。纳杨畹君无出；后再纳徐雯波，亦生子女多人，在国内有心健，十五、六去世，国外有二、三子女。

公为祖国艺术贡献了毕生精力，四十年代，西出敦煌，临摹唐、宋、南北朝壁画，融会贯通，独创一格。

公为人从无大师架子，对权贵从不奉承阿谀；对父母孝顺，对长兄友爱，对子侄关心。在国外数十年，总念念不忘故土，不忘国内的亲人，到了台湾还设法与兄子侄们通信寄画。

1983 年 4 月 2 日不幸因脑出血，在台北荣民总医院去世。

公姒曾夫人正容，生于光绪二十七年辛丑（1901）四月十五日寅时，系内江县城内小西街曾氏祠堂内生长，民国 8 年（1919）随待公往来上海、香港、广西之桂林、贵阳、重庆、成都；又陪公游青城山，后来到了海外。（此处记录有误，1949 年后曾正容定居成都）

另：大千先生弟弟正玺公，字君绶，生于光绪三十年甲乙辰六月初四日卯时，系内江象鼻嘴堰塘湾生人氏，性聪颖，十余岁即随诸兄去上海，拜李梅庵、曾农学书大小篆隶。公信手所书，上追古人。可惜后来离家出走，一去而不返，双亲整日以泪洗面，大千先生谎说九弟去欧洲留学了，并托人从广州寄来照片书函呈双亲面前，让两老放心。

此谱还记录有张家十一世数十人及其配偶子女的情况，内容丰富庞杂，在此就不一一录入。

2009 年，大千先生一百一十周年之际，张文修的儿子张心廉先生，将此谱原件捐赠内江市档案馆珍藏。

《彭氏族谱》：世界上最长寿的人——彭祖

彭姓起源于殷商时诸侯国大彭，大彭国灭亡后，子孙纷纷迁离彭城，分居各地，以四川、湖南、湖北、江西等省为多。彭姓在当今人口五百多万，全国姓氏排名第三十九位（一说三十五），约占全国汉族人口的 0.49%。关于彭姓的起源，历来的考据十分丰富翔实；关于彭祖的故事传说俯拾即是，至今让人津津乐道。据史料记载，从隋唐到清末，彭姓共出了四百二十五个进士、十个状元。这份幸运，当然也是拜老祖宗彭祖所赐。

父亲讲家史

笔者姓彭，作为彭氏子孙后代，当然对先祖的一切情况都充满好奇，最想搞清楚"我从哪里来""祖上是何时、从何处迁来老家四川仁寿禾加板桥乡的""家族中是否出过名人伟人"，等等。可惜没有家谱，这些问题无从知晓。我曾多次问过父亲，父亲今年九十二岁，红光满面，很是健康。说到自己的姓氏，他总是得意地说："彭祖活了八百岁，我们家族有长寿基因。"他还告诉我，过去老家神龛上供奉的祖宗牌位上写着："陇西堂上彭氏门宗福寿香火历代先考先

1957 年，笔者父亲在重庆教书与笔者祖父瑞轩公的合影

湖广填四川

·87·

姚之神位。"父亲还记得原先家里是有族谱的，不过后来没了，他只记得其中有两句班辈诗："祖德流芳远，富贵返荣昌。"他自己是"富"字辈，谱名叫彭富文。说我们兄弟俩应该是"贵"字辈，但后来就不兴用班辈取名，就名"雄""杰"，取"英雄豪杰"意。在距离老家十几里的地方有个彭家湾，据说那里还保存有彭家的老谱。我家二叔曾去抄回我们这一支的班辈字派，上面说我们这一支也是明末清初从湖北入蜀，惜非亲眼所见。后来查到四川省图书馆藏有仁寿《彭氏宗谱十五卷》四册，彭汝南等纂，光绪二十六年（1900）深远堂刻本，亦惜未能得见。

祖父讳远昭，字瑞轩，生于光绪二十四年（1898）。祖母林冬云，生于清光绪二十七年（1901）冬月初五日。他们共生二子一女。父亲名博，字绍基，系长子，生于民国乙丑年（1926）。二叔彭中华，幺姑彭玉华。

父亲曾讲："瑞轩公前半生清闲得很，他老人家一生有两个嗜好：一个是打猎，一个是吸食鸦片。你看到他不是床上过瘾，就是牵着猎犬，扛着猎枪满山乱逛。打着些鸟兔野味,独自下酒，母亲都没有份的。先母彭林氏，名冬云，系前清秀才后裔。性贤淑，心善良，工针黹，勤农活，俭持家。儿女身上衣，皆亲手纺织。祖上给瑞轩公留下六亩五分薄田、一间茅屋和两座山林，在四川仁寿县板桥乡耳子村一个叫浸水湾的地方，还算是吃得起饭的。地里的活路由母亲彭林氏一人在做，农事重活，栽秧打谷，挖土挑粪，无不亲为，只在农忙时请一两个短工。母亲披星戴月，劳苦终身，为我们后人树立了吃苦耐劳、勤奋自强的榜样。年辰好时，家里偶尔有干饭和一点肉吃；如果天公不作美，就以瓜菜红薯代替。"1949年以后，父亲的家庭成分定为"小土地出租"。

父亲还讲过这样一件事情："在我十岁那年，经历了一件十分奇怪的事情，也改变了我的命运。起因是外房老表邓自明家（中医、大地主）闹狐仙，家中怪事一件接着一件，邓家的三姑娘也疯了，在场镇上裸奔，一家人不得安宁。据说，狐仙还是怕猎人的。邓家忙请瑞轩公前去帮帮忙，他就带着我（小名心诚娃），扛着那支心爱的猎枪去了。邓家大院修得很好，四周是土筑的高墙、碉楼；客厅上挂着名人字画，其中一幅是张船山（张问陶，号船山，清著名书画家）先生绘的《群猴图》，很大，几乎占了一整面墙壁。瑞轩公驻足细看了很久，频频点头表示赞赏。

"一日傍晚，邓老爷、瑞轩公和我，三人在厢房里闲谈。那屋里有扇雕花大窗，窗外三米远即是高墙，窗下有一八仙桌，瑞轩公就顺手将猎枪放在桌上。闲谈间，忽然窗外吹来一阵阴风，大家屏住呼吸。瑞轩公胆大，高声喊道：'干啥子？天天来骚扰。老子的枪，百发百中，再来就不客气了！'刚说罢，立刻窗外打进一块鹅卵石，幸好没有伤人。我用手捡起，还是热乎乎的。接着又一口浓痰从窗外飞入，穿过细小的窗花格子，不偏不倚，正好吐在猎枪的引火索上，使得火药枪不能击发。在场的人大吃一惊，口痰从何而来呢？有这么巧合？大窗三米外是高墙，谁有能力从几米高墙外吐一口痰，穿越细小窗花格，又正好吐中猎枪的引火索呢？如果是院内的人干的，那又从未见有人影从窗前掠过。众人马上推窗四下巡视，无一踪影。正疑惑时，忽有人高叫：'房子着火了！'众人出视之，见院中一茅屋顶起火，众人忙去拿碗盆水桶施救，刚把梯子架起，准备上屋顶扑火，火就自行熄灭了，茅草的屋顶，不大不小刚好烧一洗脸盆大小的窟窿。"

"第二天，又出一件怪事：当晚，要煮饭时，发现那口大铁锅忽然不见了。众人四处寻找，正在找时，那口大铁锅'咕噜噜'从堂屋的瓦房顶上滚落下来，砸在院里的三合土上。奇怪的是,这么高的空间落下，居然铁锅没有坏，架好又煮饭了。"

"接着又有几件不可思议的事情发生：一天夜里，邓家长工许文光高叫：'杀到了！杀到了！'众人跑去，他又说：'哎呀，跑了。'还拿一梭镖给大家看，上面有血和动物的毛。又一晚上，邓家的大肥猪，自己越过猪圈跑了。众人追到后山找到猪儿，发现沿途有人撒下许多苞谷子。"

"几天后，他家的长工许文光来传话，说狐仙要'显身'了，时间定在当晚的亥时（大约十点前后），地点就在后院的一堆放杂物的阁楼里。亥时左右，邓家全体人员、父亲和我都站在阁楼外的院坝里等着，大气都不敢出。许文光对着阁楼高叫三声'狐仙'。不一会儿，就听到有兽类走在瓦上的声音，走着走着，又听到'扑通'一声，大约是那兽跳到了木楼板上的声音，只是什么也看不到。大家都高度紧张，瑞轩公手握猎枪，上满火药铅弹，以防不测。这时，一个似人非人的声音说话了：'我是狐仙！我是狐仙！（像一个男人用假嗓子学女人腔，听来叫人有些毛骨悚然）喊我做啥子？'长工答：'邓大爷问你在哪里修道？来他家做啥子？'。狐仙答：'我来报恩的。我家三兄弟，大哥富兴，二哥毛文，我叫毛平，在两母山上修炼。有一年，大哥被一猎人打伤，幸有邓家长工相救，才得以活命，今日特来报恩！听说邓家对长工不好，故给你们一点颜色看看，今后要善待他。'"

"'心诚娃！'我正在听得出神，突然被狐仙点名，大吃一惊。"

"'心诚娃，跪下！'狐仙命令道。父亲忙说：'快跪下，如果不跪，狐仙要用千斤鼎砸你。'我慌忙上前，跪倒在地，吓得不敢抬头。"

"'心诚娃，你还记得吗？去年我变你家的狗来咬你！'"

"我猛地回想起去年有一天早晨，吃红薯煮稀饭，我不想吃红薯，只想吃米饭，就偷偷从碗边把薯块吐了，以为没有人看到。这时，家里养的那只'斑子'小狗，猛然咬了我（小主人）腿上一口，血都流了出来。这件事情知道的人不多，自己私吐红薯被咬，以为是不可能为外人察觉的。我忙磕头不止，不敢言一句。"

"'第二件事，我还救了你娃娃一命！你可能不知道吧？那年你出水痘，你妈把药拿错了，如果吃了你娃娃必死。是我把那穿山甲放入药罐中，解了毒，不然你娃娃早就没命了！'"

"是呵，我当时还小，不知这事，还是瑞轩公心里明白。那年我出水痘，在街上拣了一服中药，药熬出来，怎么药里有一片穿山甲

笔者父亲 1950 年 11 月 11 日在重庆川东军区司令部管理科工作时的老照片

呢？穿山甲是家里拿来挠痒的，这穿山甲有毒，是谁放入的呢？瑞轩公认定是母亲彭林氏干的，就追问她：'你怎么能放有毒的穿山甲在心诚娃的中药里？'"

"母亲答：'没有呀！我从没放入过。'"

"瑞轩公脾气很是暴躁，骂道：'不是你，还有谁？'"

"于是对母亲一阵痛打，我清楚记得，当时打得我母亲披头散发，呼天抢地。"

"狐仙最后说：'心诚娃，记到：你娃娃聪明又读得书，好好念书，将来会有好前途的。'言罢离去。"

"众人皆惊愕，呆立原地不知所措，多时方离去。从此，这'狐仙'再也没有来过邓家。后来，有人说是邓家的长工搞的鬼，真相永远是个谜。不过，邓老爷为了感谢瑞轩公此次相助，将那幅张船山的古画相送。从此，这幅古画就挂在我家老屋墙上。"

第一次听这故事时，我才十岁左右，心里便时时想着那幅张问陶

1950 年初笔者父亲在二野军政大学学习时拍摄的照片

《群猴图》。数年后，大约 1981 年，有机会回老家，第一件事便是翻箱倒柜。二叔忙问："干啥？你这是在找啥？"我说："找张问陶的那幅画！"

二叔说："早就烧了！1961 年一次搭火就烧了！"我还是不死心，想能找到一个祖上留下的哪怕是土罐古碗之类也好，结果一无所获。

对那次"狐仙事件"，父亲说："这是我亲身经历的,千真万确。"我还是不大相信。但这并不重要，重要的是父亲从此发愤读书，考起了仁寿师范学校。毕业后（1944 年前后）就在乡下小学教书。两年后又考上简阳高级师范学校，毕业后（1948),在县里教中学。1949 年底，父亲听说重庆解放了，便和几个胆子大的同学一起，背上铺盖卷，步行 500 里到重庆，投考二野军大，考上后就穿上了黄军装。从此，父亲的人生发生了重大转变。

附　故显考瑞轩公墓志

先父彭公，讳远昭，字瑞轩，生于清光绪二十五年（1899）农历十月十八日，饿毙于一九六一年正月初六日。

仁寿禾加彭氏，系陇西堂后裔，明末清初入蜀，世代为农。公少读私塾，粗通文墨。尝为乡人讲《善书》《圣谕十六条》，劝人行善；公善调解邻里纠纷，备受人敬重。公曾学中医，惜无成良医。又好捕鱼打猎，喜养鸽饮酒；民国时期，公染食鸦片，加之患有疝气之疾，不胜重活，致家境愈艰，仅靠数亩薄田瘦土租佃，维持一家生计。公对子女，关怀备至，管教有素，忍饥挨饿亦供养子女读书求学。今公之子孙繁衍，安居乐业，既享社会发展之红利，更得先辈在天之灵荫庇。后人岂能数典忘祖，今立此碑，略叙亲恩，饮水思源，寄托哀思，永为祭祀。

子彭富文（绍基）、彭忠华，女彭玉华率全家敬立

公元二〇一六年四月四日清明节

四种彭氏老族谱简介

　　笔者对彭家所有史料都感兴趣，只要能见到的，都想方设法收集。但是民国以前的彭氏老族谱，非常罕见，数十年间，所见寥寥。目前仅藏有彭氏老族谱四种：时间最早的是嘉庆年间《彭氏族谱》稿本一巨册。其次是道光年间木刻《彭氏族谱》四巨册。以上两种族谱，开本巨大，长53厘米，宽40厘米，每册厚达7厘米。第三种为清代宣统二年刻本共五册。第四种是民国5年刻本共四册。其中嘉庆、道光本两种为江西本，民国5年刻本系湖南本，仅宣统二年刻《彭氏宗谱》是四川成都本。

　　清宣统二年刻本《彭氏族谱采访源流序》中说："彭氏之先，出于高阳氏，三传而至陆终，陆终生子六人，三曰篯，封于彭，后世遂以为姓焉。"彭氏后裔发展繁衍之后，逐渐从彭城迁出，向各地迁移，"彭氏之裔既众，而散处于天下也，或家于秦，或家于豫，或家于吴，或家于楚"。

　　古时候，彭氏没有出过什么显赫的大人物，活了八百岁的彭祖也只是

笔者收集的各种版本的彭氏族谱

湖广填四川

一个传说中的人物。汉代出了一个彭越，虽被封为梁王，却因功高震主被杀了，没有什么后代留下。（按：有的彭氏家谱记载，彭越封梁王，刘邦杀异姓王时，被人告发谋反，结果被刘邦诛灭三族，大家认为这支彭姓已经绝嗣。其实，彭越的一个小妾当时怀了孕，侥幸逃脱，生下两个儿子彭容、彭寅。后来彭容承袭武烈侯，传到第九世孙彭阆，生了四个儿子。彭德的儿子彭伦，迁到成都华阳，彭彰的儿子彭翼迁到宜春，彭纲迁到四川广汉，彭绛迁到会稽毗陵。彭越是山东昌邑人，故他的子孙称为"昌邑彭氏"）

汉元帝时出了一个彭宣，官至大司空、封长平侯。晋朝出了一个彭抗，官至尚书左丞。北齐时有个彭乐，是一员猛将。唐代有彭世昌；宋代彭汝砺，他曾参与王安石变法；南宋出了个彭龟年，与朱熹、张南轩等交往甚密；明代历史上出了彭德华；清代有彭端淑。

"其由楚而入蜀者，自麻城始；其由江右而入楚者，自太和始；其由蜀之丹（丹棱）而分者，自桑黄坝始。其他之在秦、在吴及在楚、在豫章者，多自陇西始；而其源总自彭城始云。"

"大清宣统二年庚戌（1910）续修宗谱，见旧谱之于先世甚略，故采访同宗以溯源流，如知我彭氏各族皆如我族也，因将丹棱同宗乐斋公（彭端淑）所撰谱序注于篇首，以见我族无稽之稽焉。九世孙海门家滨拟。"

明末躲避张献忠而逃亡

据宣统二年本《彭氏宗谱》记载，这一支彭氏的发祥始祖叫彭继业，娶妻王氏，生了一个儿子取名彭可兴，可兴公便成了这支彭氏先祖的第一世。一世祖彭可兴"生于明天启丁卯年（1627）三月二十五日子时，卒于康熙辛巳年（1701）五月初八日寅时"。妻子王氏"生于明天启甲子年（1624）七月十四日辰时，在重庆府巴县河里石乡，卒于康熙癸酉年（1693）正月十五日卯时，在信宝乡，与公合葬"。

谱上说，彭可兴的父亲继业，由于明末张献忠起义军打到了家乡，父亲与母亲在战乱中失散。不久，父亲彭继业在逃难途中身亡，从此了无踪迹，家中一切信息都丢失了。

以下便是《彭氏宗谱》中记载的原文：

继业公妣，子一可兴，公妣生卒失考，公葬柏树湾迥龙山向立坤艮。因献乱川，妣与公为贼人闯散，踪迹不知，公未几又身罹于难。故前此以上历代世系与夫渊源脉派，后之人均不得其详，而以公为始祖焉。

从这段文字记载，我们可以看出：一是明代这支彭氏一直生活在这里，小地名叫柏树弯，大地名为何不明。可兴公之妻王氏，出生地在"重庆府巴县河里石乡"。巴县即今重庆主城区的古称。民国时期重庆设市，巴县迁出市区。1995年撤县建区，巴县改为巴南区，巴县至此消失。估计这支彭氏一直生活的地方距离重庆较近，因为古人很少异地恋、跨省恋。二是彭继业的家由于张献忠之乱而破坏，家破人亡。三是王氏

清代刻本《彭氏宗谱》书影

不仅失去了丈夫，家中的一切皆可能毁灭殆尽，包括非常重要的家族文献家谱等。

这支彭氏先祖的基本情况

谱中还记载了这支彭氏前面几代先祖的情况：

一世祖彭可兴，字友富，"生于明天启丁卯年（1627）三月二十

清道光年间刻本《彭氏族谱》封面

五日子时，卒于康熙辛巳岁（1701）五月初八日寅时"。娶妻王氏，生三子，分别是长子彭肇祖，二子彭耀祖，三子彭光祖。

二世祖彭肇祖，"于顺治辛卯年（1651）十二月二十四亥时，在义和乡胡家沟生；于康熙壬寅九月初四丑时，在仁四甲三星山龙池沟卒"。彭肇祖，字尧臣，号子暹，"历任成都府守左营千总（正团级军官）。娶妻万氏，生四子，长彭商杰，次彭商塱，三彭商琼，四彭商玺"。这段记载说明这支彭氏家族第二代已经迁到成都附近，或者就在此地定居。

第三世祖彭商杰，生于康熙辛酉年，但他生死年月日失考，只知道他早殁，葬成都北门外玄天观，后迁葬栗子园。

这支彭氏家族一直传下去到光绪年间，传了十二世，加上发祥始祖，共计十三代人，族谱上记录各房子孙，数以千计。这个家族就像一棵大树，由一粒种子发起，一生二、二生三、三生千万。据笔者粗略统计：第二册在谱男丁数二百一十人，第三册在谱男丁数三百五十三人，第四册亦三百五十三人，第五册一千九百五十八人。（第一册没有世系表，内容为序、族规家法、四礼等。）彭继业一个人，从明末到清末（宣统年间），这支彭氏在四川成都附近便发展了十三代，在谱子孙一千一百一十一人。这个数字尚不包括女儿、配偶（有的娶两个以上者），也不包括十五岁以下夭亡的。如果把这些都算上，此宣统二年本《彭氏族谱》，记载数千人是有的。

涉及的地区范围包括成都及附近郊县如简阳、金堂、都江堰等地；小地名有柏树弯、腰里转、三星山、老君堰、天皇沟、赖茅寺、义和乡观音沟、磨子湾、三皇观等。

有趣的是，关于彭肇祖的老二彭商垩，《彭氏宗谱》上是这样记载的："康熙癸亥年（1638）八月初四子时，公在蜀北营盘方正街生。"成都市方正街，今在红星路一段西侧，街为纪念明代方孝孺而名。可见这条街道在康熙年间就叫这个名了。谱上同时记录了他的生平事迹："曾替父出征，苦战金川数年，至以元旦晚，金人醉卧，潜入其营，斩头数百。次日请冲杀获胜，又执酋数千，而我兵计点全无一损。公之智略为何如者，担督军门岳（岳钟琪）以公堪称任使，委牌任用牌载旧谱。当年军中所着靴履，所用佩刀，今犹存祠，刀长三尺有奇，靴能盛米二升余。迄金川平后，凯歌回蜀，熙朝论功行赏，公不乐仕进，归田训子。年八十有七，于乾隆己丑年（1745）二月十四日辰时在仁里四甲老君堰卒，葬梨树湾……"

又据彭开富先生所撰《彭姓族谱资料三》说：四川简阳这支彭氏，是清初从湖广麻城入川。开始找不到老根，是因明末四川战乱时，彭可兴背负着父亲彭继业的尸体仓皇逃来简阳山洞的，故对先世茫然无知。直到清宣统三年（1911），其裔孙彭钟模纂修简阳《彭氏宗谱》时，才知道发祥始祖彭继业，生一子可兴，已历七世，是从湖广麻城县入蜀的。可兴（1627—1701），字友富，葬简阳柏树湾回龙山。生三子：肇祖、耀祖、光祖。肇祖（1651—1722），字尧臣，号子暹，历任成都府城守左营千总。生四子：商杰、商垩、商琼、商玺。裔孙有彭诚，为府庠生；彭世绎，恩授从九品，历任广东高州府信宜县督捕厅右堂；耀祖（1650—1726），字子荣，武庠生。生四子：商祚、商灿、商琳、商璠……内容与这册族谱基本一致，可以互为参考。

替父从军　参加大小金川之战

笔者通读上面的记载，发现这里讲述了一个军人的后代替父从军，参加了乾隆朝最有名的十次军事行动之一——"大小金川之战"。那乾隆爷好大喜功，为了凑成"十全武功"，可以号称"十全老人"，在错误的时间、错误的地点，发动了一场错误的战争。乾隆对偏居川西一隅，仅有弹丸之地和数万人口的大小金川，先后共投入了近六十万兵力，因指挥不力而被处死、战死的总督、主帅、总兵、参将有数十人，花银七千多万两，真是得不偿失。

通过查阅相关史料，笔者才了解到这场战争的大致经过：乾隆十一年（1746），大金川土司莎罗奔劫夺小金川土司泽旺，经清朝干预后释还。次年，莎罗奔又攻明正土司（今康定）等地，清朝派兵前往弹压，遭到莎罗奔的抵制。乾隆帝调张广泗任川陕总督，从小金川进兵大金川，征伐莎罗奔。莎罗奔率众奋力反抗，清军屡失利。乾隆十三年（1748）四月，乾隆帝又命讷亲督师前往增援。莎罗奔构筑碉卡，严密为备。张广泗与讷亲互不协力，莎罗奔乃大破清军。同年十二月，乾隆帝以贻误军机罪斩张广泗，讷亲亦赐死。改用傅恒为统帅，起用已废黜还籍的名将岳钟琪（岳钟琪，成都人，岳飞二十一世孙，清康、雍、乾时期名将）率军自党坝大破金川军。因莎罗奔曾于康熙六十一年（1722）从岳钟琪征讨过川西北羊峒（今南坪）藏族地区，雍正元年（1723），岳钟琪又奏请授予莎罗奔"金川安抚司"印信，所以莎罗奔闻岳钟琪大军攻入，遂在乾隆十四年（1749）正月投降。

彭氏得姓源流

我们再来看看道光五年刻本《彭氏族谱》，其中记载，这支彭姓是颛顼之后，颛顼是黄帝轩辕氏的孙子。传到其曾孙辈之时，有重黎和吴回两兄弟先后当了"祝融"，祝融是部落专门管火的官。吴回的一个儿子叫陆终，生了六个儿子，其中的老三名为篯铿，就是活到八百岁高龄的彭祖，算起来是颛顼的第五世孙。道光本《彭氏族谱》还记载说："陆终，吴回第六子，通谱载陆终娶女馈（鬼方氏之妹），孕三年一乳而生六子，长昆吾，次参胡，三彭祖，四会人，五安、六季连。"鬼方氏与古突厥民族,可能都是来自西亚的白种人或黄、白混血人种。陆终与"鬼方氏之妹"的婚姻，实为炎黄民族有史籍记载的第一例"涉外婚姻"吧。

《彭氏远祖谱系图》书影

道光本《彭氏族谱》有《彭氏原始受姓图》，上面说："彭氏得姓之始，乃陆终第三子彭祖，名剪，封于大彭，古姓非以国为氏。陆终而上，通谱所述虽有源流可考。然礼有明文，世次不敢系也。厥后，商有老彭，春秋时有彭仲爽，汉有大梁王彭越，长平候彭宣。若老彭自商末至汉时一千一百三十余年，宣家淮阳，淮阳以前，仲爽而后陇西，五房分迁不一，概从略焉。乃世人修谱，间有不宗其宗，祖其祖者，何甘冒人后哉？今我彭氏首列此图，以明得姓之始，后人有所折中，亦著信存疑之一助云。"

这里作者表明，彭氏得姓虽源流可考，但有些记载可信，有些不可信，有些甚至只是传说故事罢了，后人要有这个基本认识。

各种古籍中关于彭祖的记载

1. 《前汉书·地理志》："彭祖，陆终第二子，名剪，封于大彭。'楚国彭城县'注云'古彭祖国'。"

2. 《后汉书·郡国志》："彭城，古大彭邑。"

3. 《寰宇记》："彭城县在江南徐州府城西北隅，彭祖旧宅。县有彭祖井，城东北有彭祖墓，又彭婆墓亦存。"

古籍里的彭城伯像

4. 《蜀志》："眉州象耳山，亦有彭祖宅。今名彭山县，县亦有彭祖墓。"

5. 《舆地志》："彭祖生于帝尧丙子岁，子二，长曰武，次曰夷，为福建武夷山神。"

6. 《史记·楚世家》："陆终生六子，三曰彭祖。"

7. 《虞翻》云："（彭祖）名剪彭姓，封于大彭。"

8. 《大戴礼记·五帝德》："尧举舜、彭祖而用之，是彭祖者彭剪也，非篯铿也。"《大戴礼记·虞戴德篇》："亦有殷老彭之语，寿八百岁，丧四十九妻，生五十四子。"

9. 《世本》云："老彭姓篯名铿，在殷为守藏史，在周为柱下史。"

10. 《论语·述而》："述而不作，信而好古，窃比于我老彭。"

11. 《庄子·逍遥游》："上古有大椿者，以八千岁为春，八千岁为秋，而彭祖乃今以久特闻。众人匹之，不亦悲乎！"

12. 《荀子·修身篇》："扁善之夜，以治气养生则彭祖，以修身自命则配尧舜。"

13. 《吕氏春秋·情欲》："耳不可赡，目不可厌，口不可满，身尽府种，筋骨沈滞，血脉壅，九窍寥寥，曲失其宜，虽有彭祖，犹不能为也。"《吕氏春秋·为欲》："其视为彭祖也，与为殇子同。天子至贵也，天下至富也，彭祖至寿也。"《吕氏春秋·审分览·执一》："因性任物，而莫不宜当。彭祖以寿，三代宜昌。"

14. 《列子·力命》："彭祖之智，不出尧舜之上，而寿八百。"

15. 《淮南予·说林训》："莫寿于殇子，而彭祖为夭也。"

16. 《潜夫论·志氏姓》："歂顼氏裔子吴回也，为高辛氏火正，淳耀天明地德光四海也，故名祝融……祝融之孙，分为八姓：已、秃、彭、姜、坛、斯。"

17.《抱朴子·对俗卷》："或人难曰：人中之有老彭，犹木中之有松柏，禀之自然，何可学得？抱朴子曰：夫陶冶造化，莫灵于人，故达其浅者，刚能役用万物，得其深者，则能长生久视。知药之延年，故服其药以求仙，知龟鹤之寿，故效其道引以增年。且夫松柏枝叶，与众木有别，龟鹤体貌，与众虫则殊。至于彭老，犹是人耳，非异类而寿独长者，由于得道，非自然也。众木不能法松柏，诸虫不能学龟鹤，是以短折耳。人有明哲，能修彭老之道，则可与之同功矣……"

18.《汉书》古今人物表："陆终列第二等世次，在唐虞之前，老彭列三等。在殷时，又有大彭亦列第三等，在老彭略后。然则老彭与彭祖固属两人，而彭祖为始封。老彭、大彭皆其后，抑老彭为大彭支子别氏，为篯非姓欤？古者姓同氏异，后世姓氏不分，世本先乱之矣！"

彭祖、老彭、大彭是三个人还是一个人？

《汉书》古今人物表里记载历史上有"三彭"，即彭祖、老彭、大彭。问题来了，到底是指三个人还是一个人？道光本修谱者经过一番考证，得出一个结论，认为三者不是同一个人，而且是三个不同时代的人。

《史记·楚世家》记载："楚之先祖，出自帝颛顼高阳。高阳者，黄帝之孙，昌意之子也。高阳生称，称生卷章，卷章生重黎。重黎为帝喾高辛居火正，甚有功，能光融天下，帝喾命曰祝融。共氏作乱，帝喾使重黎诛之而不尽。帝乃以庚寅日诛重黎，而以其弟吴为重黎后，复居火正，为祝融。"

从大徐彭国始祖彭祖身世可知，帝喾时代的前后两任火正官，祝融重黎为彭祖的伯祖父，祝融吴为彭祖的祖父。［按："火正乃五行官名。当时设有金、木、水、土五官，分别掌握有关事务，火正即主管火的官员，火在人类进化历史上发生过极其巨大的作用。至今人类的一切生活、生产、军事、科研都离不开火。火正是主管火种保存、取火、用火之官，实际远不止此。在石器时代人类即已学会钻木取火。山顶洞人的洞穴中有用火的灰堆遗存。"（《彭山彭祖文化研究会成立纪念册》第87页）]

《彭氏族谱》记载：彭祖因为善于调制味道鲜美的雉羹（野鸡汤），献给帝尧食用（一说是治好了帝尧的病），被帝尧封于大彭（今江苏省徐州市）。这件事被屈原写入中《楚辞》："彭铿斟雉，帝何飨？受寿永多，夫何久长？"由于他的封地是在大彭，所以子孙就按照当时的习惯"以地命氏"，便有了"彭"这个姓氏。

后来大彭国被商王武丁灭亡，彭氏族人四散，但是还有部分留在彭城，继续为商王效力，他们或出任史官或出任卜官。现在出土的甲骨文中，多次出现"彭"的人名和地名，说明彭氏在商时期仍然有一定的影响力。

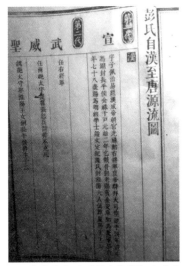

清代道光刊《彭氏族谱》中关于彭氏自汉代至唐代源流图

古代六个大彭国

历史上，全国各地分布有六个古大彭国：①彭城，即今徐州。②彭州，四川彭州古代叫"天彭国"，它以彭州市新兴镇、磁峰镇为中心，疆土覆盖广汉，郫县、都江堰部分地区。③篯铿第二十八世孙篯孚的后裔，在河南原阳建立的大彭国，周赧王时期被灭。④湖北房县建立的大彭国，公元前700年被楚国兼并。⑤甘肃庆阳陇西彭氏建立的大彭国。⑥四川阆中彭城镇彭城坝的彭氏建立的大彭国，后被巴子国所灭。

据袁义达、张诚著的《中国姓氏，群体遗传和人口分布》考证："彭国灭亡后，彭人四散。向东南移民的一支彭人是从徐州（古称彭城）南下，进入安徽和县（古称历阳），南渡长江进入江西的鄱阳湖（古称彭）及赣江上游的桃江一带，与山越族相遇。一支向西南撤退到河南西部的鲁山县东南，后为楚国臣民。第三支向西经过河南渑池县，到达陕西白水县的彭衙堡，此彭即居于彭原的彭国后裔。周灭商后，彭人南渡汉水迁到今湖北、南河一带。彭人从此离散，并与南部土著混居，成为土家族彭姓的先民。甘肃庆阳的一支彭人，越过秦岭，从子午谷经陕西石泉县的彭溪，一举直落四川彭州，后又南下移民彭山县。"

陇西堂考

道光本《彭氏族谱》的修谱者，在辨明得姓始祖为彭祖后，又对彭氏最著名的郡望"陇西堂"进行考证。笔者祖上即是"陇西堂"，先祖的牌位上写的就是"陇西堂上彭氏门宗历代先考先妣之神位"。故笔者对彭氏史料非常敏感，也注意收集。

谱上接着说（以下为笔者据原文所译白话）：

既已经明了得姓始末，又纪郡望的情况。我陇西彭氏自彭仲爽后，分为五房：彭若侗、彭若俦为彭卷的儿子；彭若祺、彭若俞、彭若颖则为彭桥之后。楚未灭时，五房居楚，号称大姓。后秦灭楚，迁楚国的大姓望族到陇西（甘肃偏远之地）我们彭姓就在其中啊。彭姓便以陇西作为自己的郡望，从秦朝到汉代，彭氏一直传下去。到了汉代的彭宣考取明经，做了官。他官至左冯翊、大司空（官名，汉时为三公之一），封了长平侯，食采淮阳。彭宣就把家安在了淮阳，他的后代就在淮阳那里发展壮大起来。所以，彭氏的另一个郡望就是淮阳。《前汉书》中记载：彭宣是淮阳阳夏人，阳夏在今天河南陈州府大康县，淮阳在汉朝的时候是一个刘氏封国。汉高祖十一年，立儿子刘友为淮阳王。后来淮阳王迁走了，这里便废置。到西汉结束前，这里都没有设置郡，所以我们彭氏这一支可称是淮阳彭氏，而非淮阳郡。

这里讲的是彭姓迁徙的大致经过：在秦灭楚时，先祖彭仲爽因避乱而迁陇西，不断繁衍，形成当地一大望族，以"陇西堂"为其郡望。彭仲爽曾担任楚国的令尹，"令尹"在楚国算是很高级别的官员，仲爽公协助楚文王灭掉申国和息国，又建议楚王将申国和息国改设为"申县"和"息县"，成为中国最早提出设县制的人。楚王封仲爽公为大夫。秦灭六国后，把楚大夫和贵族迁入关中，仲爽公的后裔一支就迁到陇西。在今甘肃庆阳一带定居下来，当地称"彭原"。

道光本《彭氏族谱》关于彭氏陇西五房的考证

汉代时，彭氏先祖彭宣封长平侯，迁居淮阳，以淮阳为郡望；后来有一支彭姓由陇西迁江西吉州，又分为九支，支派繁衍等。彭姓族人大举南迁始于魏晋之时，因北方连年战乱，中原士族被迫南迁，其中就有不少彭姓族人；唐玄宗时，为避安史之乱，彭氏又有支派播迁于今山东、陕西、甘肃、江西、四川、福建等省；明朝时有彭姓族人迁入广东梅州；自清代开始，闽、粤的彭氏有部分移居台湾；此后，有的又迁徙至东南亚及欧美。可惜由于年代久远，彭氏老谱频遭兵燹，许多家族史料没有能够保存下来。

彭祖的传说

其实，笔者最感兴趣的还是老祖宗彭祖。关于彭祖传说很多：司史迁记录在他的《史记》中，屈原写进《楚辞》，《大戴礼记》中也有记载。另外，《列仙传》《神仙传》《武夷山志》《彭城志》《彭山县志》《地理志》等古籍中皆有记载。

彭祖一生丰富而精彩，年少时命途多舛。父亲是黄帝的第七世孙陆终，母亲是女馈（鬼方氏之妹）。他生于帝尧丙子年六月初六，出生时难产，只好作了剖腹手术，还折断了母亲的肋骨。一腹六胞胎：大哥叫昆吾，二哥叫参胡，老三彭祖（有史料记载他叫"彭剪"，也有说他叫"篯铿"，还有的说他叫"彭铿"或"彭篯"等），四弟叫会人，五弟叫安，六弟叫季连。彭祖是家里的老三，他三岁丧母，孤苦伶仃。又逢战乱，流落西域异乡。帝尧的时候，他因为进献雉羹，尧便把彭城封给他，后世称他为"彭祖"。舜的时候，他从师尹寿子，学得真道，遂隐居武夷山。到商代末年，活了八百多岁。这里就产生了一个常识性问题：人到底能活多少岁？彭祖真的活了八百多岁？或者彭祖的部落存在了八百多年？或许古人祈望长寿，但又无法抗拒生老病死的自然规律，于是就虚拟出一个个长寿彭祖的神话传说？或者像有的学者考证的那样，远古夏历是六十天为一年，这样算来大约一百三十多岁？

传说一：一只烧饼换来八百岁

彭祖原名彭十，十岁那年，正吃面饼时，夜叉来捉彭祖："你阳寿已尽，跟我来！"彭祖以饼相送，请求宽容。夜叉将彭十的十字添了一笔，改为"彭千"，意思是可活千岁。后因踏坏麦苗，罚减二百，故活八百。

传说二：彭祖不死的秘密

道光本《彭氏族谱》中关于彭祖的记载

彭祖相传是南极仙翁转世，他和陈抟老祖是好朋友，都在玉皇大帝身边当值。陈抟老祖管天宫诸神的《生死簿》，彭祖管《功德簿》。有一天，彭祖趁陈抟熟睡，偷看《生死簿》上名单，发现他的名字也在上面。他灵机一动，把生死簿上写有"彭祖"名字的那一页纸撕了下来，捻成纸绳订在簿上。从此，这个《生死簿》上，再也找不到彭祖的名字。

彭祖下凡到人间，作了商朝士大夫。他先后娶了四十九个妻子，生了五十四个儿子，都一一衰老死亡，而彭祖依然年轻力壮，行动洒脱。问题就出在第四十九个妻子身上，这时彭祖已八百岁了。有天晚上，夫妻俩在床上聊天，

妻子问他："我老了，死后你还娶妻不娶？"

彭祖得意地说："当然还要娶。"

妻子又问："你为啥一直不老？难道《生死簿》上没有你的名字吗？"

彭祖哈哈大笑："我永远不会死的！《生死簿》上有我的名字，但他们就是找不着。"

妻子接着问："那你的名字在什么地方？"

彭祖得意忘形，竟然说出了实情。妻子这才明白彭祖一直不死的奥秘。

这位妻子死后，到了阴间，居然多舌而泄露了秘密。其实，阎王

爷早就在注意彭祖了，只是在《生死簿》上怎么也找不到他的名字。于是，就派了两个小鬼到彭祖所住村子里去打探，两个小鬼假装在河里洗煤炭，嘴里还唱："洗黑炭，洗黑炭，洗白黑炭去卖钱。"一下招来很多村民围着看稀奇。这时，好奇的彭祖也挤入人群看热闹。人们七嘴八舌，议论纷纷，彭祖仗着自己年事高，见识广，讥笑道："我彭祖活了八百岁，没见过有人能把黑炭洗白的。"

话音刚落，小鬼当场就锁住了彭祖，把他勾走了。这天夜里，彭祖就去世了，享年八百余岁。

传说三：彭祖的两个儿子化为武夷山

《武夷山志》的记载更为生动有趣，相传彭祖有两个儿子，是对双胞胎：一个叫彭武，一个叫彭夷，一家人隐居在福建高山碧水之间，住于幔亭峰下，"茹芝饮瀑，遁迹养生"。彭武、彭夷一生下地就能站起来。一阵春风吹过，他们就能呼喊爹娘；一阵春雨浇来，就能漫山乱跑。彭祖用三片自己种的春茶泡水给他们喝，能见风就长，越长越高，成为巨人。据说这对孪生兄弟死后，就化为了武夷山。此外，彭祖隐居武夷山时，教当地人开垦荒地，挖井取水，种植粮棉、花果、茶叶。据说他种的茶叶味道香醇，曾引来七仙下凡品茗。汉钟离、吕洞宾、曹国舅、何仙姑、李铁拐、韩湘子、蓝采和共同商定，赐彭祖寿享八百八。如今武夷山主峰黄岗山上，彭祖与儿子的遗迹尚存，还有坟墓和石碑。存放武夷山宫中的一座石碑

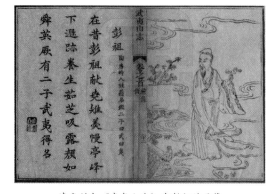

清代刻本《武夷山志》中彭祖的画像

湖广填四川

上还可以看到彭武、彭夷的名字。

彭祖留在人间的遗迹

据说彭祖故里有彭祖庙、彭祖井、彭祖墓等景点。彭祖庙建于东汉时期，唐代、明代、清代曾三次修复。原彭祖庙有大殿和东西配殿。大殿内立有彭祖像，光头、赤脚，高约4米。左右两边有一男一女，桃花和周伍站班。东西山墙有瘟、刘、马、赵（均为周朝时期的人物）四尊神像。东配殿立有观音神像。庙门前60米处，有传说中彭祖亲手所挖的天下第一井——彭祖井。相传此井泉如玉液，常饮此泉可以长寿。明朝诗人马惠曾为"彭祖井"赋诗一首：

> 古井城边不记年，名留彭祖世相传。
> 玉沉汲虎人何在，金鼎蟠龙客已仙。
> 秋石苔浸秋雨积，梧桐叶落晚风旋。
> 谁能更把寒泉浚，一饮须教寿八千。

另外，四川省彭山也有一座彭祖墓，位于彭祖山。清同治年间，知县王燕琼重修《彭山县志·疆域》记："彭祖墓在治东十里彭亡山麓。清乾隆二十年（1756），邑令张凤羲修复，同治间知县王燕琼修复。"王知县题墓碑一块，高2米，宽0.9米，阴刻楷书"商贤大夫老彭之墓"。

彭祖山古称"彭

坐落于四川彭山北郊的彭祖墓已成为旅游胜地

亡山"或者"彭蒙山"，现在叫"仙女山"，位于彭山县城北郊，海拔610米。整个景区面积约66平方公里，被群山环抱，山与山之间构成一幅天然的立体八卦图。彭祖墓位坐东向西，四周群山环抱，前边将台，九龙二山为案，略无缺处，后有彭祖山主峰为靠背。整个墓仿佛坐落在一把硕大的交椅上。从风水学的角度，此间印证了"丧葬四邻"，即"前朱雀，后玄武，左青龙，右白虎"的说法。

遗失两百多年的古代文献《彭祖》

1994年春，上海博物馆在香港文物市场上购得一批战国楚文字竹简，约有一千二百余枚。经专家整理辨认，共译出三万余文字，可分为八十余篇文章，涉及哲学、文学、历史、政论等方面。2003年，《上海博物馆藏战国楚竹书（三)》整理出版了，其中八枚战国竹简得五十三字,出版者将之命名为《彭祖》。这可能就是战国时期道家佚书《彭祖经》，内容为上古时代耇老与古代道家养生学术的创始人彭祖二人的一段问答。楚竹书中关于"寿星"彭祖的记载，说明在战国时代已经开始有彭祖其人的传说。现将《彭祖》篇的译文录下：

耇老问彭祖："句氏对上帝有敬畏之心，故能长命。我有何德何能，得到了上天的关爱，谨慎恭敬地实行祭祀?"彭祖说道："很好呀，你应该多问一些原因，这样才不会失去常规。天道就是天、地与人的关系，就像经线与纬线，外部与内在一样，是不能割弃的。"耇老问："天、地、人三者之间，舍去天和地，难道可以吗?"彭祖答道："哦，你孜孜不倦地询问，我就给你讲讲人伦。要提高警惕、不要骄傲，始终谨慎、保持勤劳。你要明白'道'的要义，无论逆境顺境，都要克制自己的欲望。我告诉你……（原文已失）父子兄弟。五伦关系达到和谐，虽贫穷亦得善果；五伦关系未处理好，虽富贵也会丧失。我告诉你，灾祸……（原文已失）不知道有所终结。"耇老说："朕孳昏愦，没有才能效法上天，哪敢询问做人的道理呢?"彭祖说:"……（原文已失）既能登升到天际，又能下落入深渊。这样的人的德行就很高了，又推崇什么呢。所以，你谦恭……（原文已失）图谋不可施行，戒惧防备的心思不能滋长，长远的思虑要出自本性，心地纯洁、身体放松。我告诉你，仇视……（原文已失）的人不可以，十分勤勉的人总有许多担忧，悲伤的人内心常是自我忧伤。"彭祖又进一步说道:"受爵位赏赐而一再儆戒自己，可以更加贤良;受衣服赏赐而再三儆戒自己，可以加深自我德行;受车马赏赐而多次儆戒自己，可以做百姓的君主。相反，受爵位赏赐而自大，要遭受祸殃;受衣服赏赐而自满，命不长久;受车马赏赐而自傲，断子绝孙。不要炫耀自己的富有，不要扼杀贤能之人，不要崇尚美食享乐。"耆老点头答谢道:"我不是一个聪慧的人，虽然得到了你的指教，恐怕也不能很好地遵守。"

毛泽东谈彭祖

1952 年 10 月 28 日夜，毛泽东乘专列到徐州。第二天上午，罗瑞卿通知徐州市领导干部到专列上来见见面。

毛泽东接见徐州市领导干部，一谈话就讲起徐州的历史。他说:"徐州应是养生学的发祥地。尧时有位叫篯铿的，是历史上有文字记载的第一位养生学家。尧封他到大彭，也就是徐州市区周围这块地方，建立了大彭国。"

毛泽东说:"彭祖为开发这块土地付出了极大的辛苦。他带头挖井，发明了烹调术，建筑城墙。传说他活了八百岁，是中国历史上第一位长寿之人，还留下养生著作《彭祖经》。"

毛泽东还说:"彭祖在历史上影响很大……庄子、荀子、吕不韦等都曾论述过他。"《史记》中对他有记载，屈原诗歌中也提到过他。大概因为他名气太大了，到了西汉，刘向在《列仙传》中竟把彭祖列入仙界。熟悉古籍史料的毛泽东对彭祖的高度评价，是有史料依据

的。（李家骥《我做毛泽东卫士十三年》，中央文献出版社1998年版）

彭姓历代十位状元名录

彭景直，河北河间人，唐睿宗景云元年（710）庚科状元。

彭汝砺，江西鄱阳人宋英宗帝治平二年（1065）乙科状元。

彭春湖，南宋宁宗末状元（史料不全）。

彭义甫，福建莆田人宋淳祐七年（1247）丁科状元。

彭时，江西安福人大明朝正统十三年（1448）戊辰科状元。

彭教，江西吉水人大明朝天顺八年（1464）甲科状元。

彭定球，江苏长洲人，康熙十五年（1676）丙辰科状元。

彭启丰，江苏长洲人，雍正五年（1727）丁未科状元。

彭浚，湖南衡山人，嘉庆十年（1805）乙丑科状元。

彭阳春，四川双流人，道光三十年（1850）庚戌科武状元。

清道光刊本《彭氏族谱》刊印皇帝的各种命令和诏书，上题篆书"奉天制命"四字

《廖氏族谱》：廖氏祖先入川的故事

修补《廖氏族谱》毕，翻其中人物故事，非常感慨。廖氏入川这支无疑是幸运的，他们的后人，把祖先筚路蓝缕、入川创业的故事记录了下来，才使廖氏后人得以真切知晓"我从哪里来"，真切知晓自己生生不息的家族中曾经发生过的真实故事。

父亲从军到台湾

这支廖氏入川的始祖叫廖明达，字体用。廖明达记得自己的爸爸叫廖以敏，母亲彭氏，爷爷叫廖可卿，再往上就记不得了。他自己生于康熙十年辛亥（1671）十月十三日亥时（晚上9—11点）。他家世世代代都居住在广东省嘉应州兴宁县上蓝埔廖氏之余庆祠堂。他出生的时间、地点都记载得非常详细清楚，细到几点钟，细到哪个县、哪个乡。

廖明达和一个哥哥、一个弟弟、父母一家五口在兴宁县（现在广东省梅州市辖县）上蓝埔过着平淡的农耕生活。

六岁那年，他父亲以敏公从军到台湾，攻打郑成功的余部，结果数年不归。十三岁的哥哥奉母命前往台湾寻父，还真的找到了父亲，但父亲在那里大约已经安了家，或当了一个小军官，或者是认为那里生活还不错，不想回家（注意，这也许跟台湾廖氏某支有关系），反而劝儿子也不要回家，就在那里生活，于是哥哥就随父亲留在了台湾。

母亲坚决不改嫁

父亲从军走后，开头几年还寄些钱回来，后来就杳无音讯。家里老少有时连饭都吃不饱，族谱中用了七个字形容："贫如洗，菽水不继。"豆汤都喝不到一口。亲戚都劝母亲彭氏改嫁算了，总比一家人饿死强。彭氏答："老公不归，我就守着儿子们，铁了心，绝不再嫁，勿多言。"为了糊口，母亲彭氏在亲戚、族人那里接些手工活儿，或到邻居家帮佣。乡里那些光棍儿、无赖经常上门来调戏，嬉皮笑脸，尽说些难听的话，欺凌孤儿寡母。唉！真是没有少受气啊！

明达稍长，就跟潮州盐贩子学买卖，主要在兴宁附近的几个县间往来贩运私盐，赚得钱就可以供养母亲和弟弟了。这样，一家人的生活渐渐好转起来。明达勤劳吃苦，朴实忠厚，待人接物，从不吝啬，谱中用了几个词来赞美他："为人慷慨，虽贫困，不随俗俯仰。"

险遭族人谋害

有一年，谱上记载是雍正四年（1726），家乡发生了百年不遇的旱灾，全族人心惶惶。几个霸道的族人欲将廖家祖坟那块风水宝地卖了以度荒。明达坚决反对，但墓地最后还是被其他族人卖了。每家都分了一点钱，用于度荒。当族人把钱送到明达家里时，明达把钱掷到地上，绝不接受，并痛数来者："吾虽贫，不忍与亡，此血食也！"众亲戚见此，大不悦，私下商量，找个借口哪天打他一顿。更有心狠者出馊主意：不如一不做，二不休，把他抬到塘里淹死算了，大家都可以作证，就说他失足落水而死。

明达闻之，心想，这些强悍又心狠的亲戚，不可与之居也。恰巧这时，去四川做生意的大儿子捎

笔者收集的各种版本的《廖氏族谱》

湖广填四川

来信息，说四川这地方地广人稀，物产丰富，容易谋生，劝父亲到四川看看。于是明达决定全家迁蜀。一来避害祸，二来逃荒。

雍正四年丙午春，这一年明达公已经五十一岁了。他与薛氏结婚后，生了四个儿子，大儿子廖凤绚，二儿子廖寿廷，二儿子那年十六岁；三儿子廖杰廷十一岁；四儿子廖谦廷，仅五岁。

漫漫迁徙路

他们带上全部家产——四百两银子，踏上艰辛的漫漫迁徙路。第一步，他们花了几个月走到湖北荆门，就写信给四川的大儿子。大儿子廖凤绚接到信后，立即带上自己的积蓄，赶到荆门与家人汇合。由他带路，一家人跋山涉水，一路风尘，于雍正丁未年（1727），从荆门入四川，一路走过绵竹县。当他们来到什邡县的新市镇，路费已用得差不多了。看到路边有一家人的外墙可以避雨，就在墙下露宿。这家人姓郑，郑家老翁出门，见外面有一大家子露宿，上前来问询。明达公讲述了一家人从遥远的广东，徒步走到这里，无依无靠，借墙露宿。郑翁乃宅心仁厚之人，听后就把自家的碾坊腾出来。让他们暂时居住，又让他们把自家后园中的那块荒地开垦出来，种些菜蔬瓜果，还借给他们一口略有破损的铁锅煮饭。这样一来，廖家总算在四川安顿下来了。

由于一家人勤劳苦干，那年秋天，麦子和麻就丰收了。几个儿子上山开垦了许多无主的荒地，种上了绿油油的庄稼。五年之间，渐有收获，居然又存下一百多两银子。后来，雍正十年（1732），他们又在新繁县阳山下买了几十亩地。于是，举家又搬到新繁县。

得以善终

到了乾隆丁巳年间（1737），他们又在简州（今简阳）孙家嘴买了土地。乾隆癸亥（1743）时，又在华阳县的新河堰、杨家坝等处买田买土。这时，明达公已经七十三岁了。廖家在当地也算是小康之家，子孙盈膝，颐养之暇，以耕读课子为乐，怡怡如也。明达公晚景幸福，享年八十有三，寿终正寝于乾隆十七年壬申二月初六日申时。十六年后，妻薛氏才随之而去。

廖家后人分析他们迁蜀第一位始祖明达公高寿善终、儿孙满堂、瓜瓞连绵的原因，不外乎这几点：第一，先祖明达公品格高尚，不屈从恶势力，乃至敢于"掷金"；第二，明达公具有坚韧不拔的决心与罕见的毅力，关山万里，险阻重重，艰难备历；第三，明达公勤劳勇敢，开荒拓土，吃苦耐劳，任劳任怨，铢积寸累。非盛德无以感动上苍，非至孝无以获得这样的福报。

明达公死后，还被乾隆皇帝下旨得赠奉直大夫。孔子说过：禄、位、名、寿，大德之人必得之。我想，说的就是历代移民中像廖氏入川始祖这些人啊！

欧阳修、朱熹撰《宁都古虔化廖氏旧族谱序》

此谱为清代嘉庆九年（1800）甲子廖氏第二十四世孙，廖希贤旧抄本。《廖氏族谱》卷首有欧阳修和朱熹撰写的《宁都古虔化廖氏旧族谱序》，这两个序在所有《廖氏族谱》序中最为著名，也是研究廖氏家族历史最为经典的文献之一。

欧阳修《宁都古虔化廖氏旧族谱》序云：

"皇祐五年（1053）癸巳七月，余护母丧归，附先陇界程间，忽处

清代抄本《宁都古虔化廖氏族谱》中宋代欧阳修所作序文

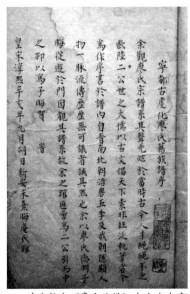

清代抄本《廖氏族谱》中南宋朱熹
所作《宁都古虔化廖氏旧族谱序》

之故人衡山居士廖素元，束帛载酒，饯余于道。既而偕往邑之城南旧第，得与序古今事，且示其世系示吾，其宗自西晋（265—317）子璋公，以武功封左卫镇国大将军。次子从宪公由京之洛阳迁浙江处州府松阳县顺义乡诚信里，子五桂公至建武乙卯（313）以后，以武功袭封左卫大镇总管。六世孙延龄公任清河太守，执政以政闻，封清河郡公。迨至崇德公任赣州虔化县令，而其孙光禄、光尧、光景皆以名宦著声，克昌厥后。今廖君素元，前决胜指挥使，克敬公之子也，惧夫谱牒不明，则后人罔知所自迁断，子璋公抵崇德公派系，著其生没隐显，其旁支散从，不得竟其流者，悉略不录。由崇德公而下，则备载无遗，以传信也。题曰：《廖氏族谱》，请为序之，余谓家有谱也，尚矣。无谱，则尊卑失序；失序，则恩义不明；不明，则争斗衅兴，亲亲之义缺矣。然谱贵详实，盖不详则疏，不实则诬，诬则不孝，疏则不知，不知不孝不如无谱之为愈也。今居士族谱已详且实，尤拳拳托余序之者，其仁孝子之用心也欤！廖氏之后，将见愈繁愈远，诗书礼义，悠久不替矣。

时大宋仁宗皇佑五年癸巳岁孟秋月上浣吉日

翰林院学士朝散大夫尚书吏部郎中知制诰兼史馆修纂恩江沙台欧阳修永叔撰

朱熹《宁都古虔化廖氏旧族谱序》云：

余观廖氏宗谱，系其声光，炫于当时。今古人才，绳绳不乏，欧、陆二公，世之大儒，以古文倡天下，素非狂泛执笔者，今为作序，书于谱内。自晋、南北朝、沿唐五季及我朝，隐显人物，一派流传，历历无可议者，其诚然也。余以廖氏德明子晦，从游于门，因睹其谱系，故余为之跋，匪啻为二公引而申之，抑亦为子晦贺。

　　时皇宋淳熙辛亥年（1181）九月朔日新安朱熹晦庵氏跋

《赵氏族谱》：讲述祖先从麻城孝感迁蜀故事

石印本《赵氏族谱》为民国庚辰年（1940）清明赵希圣等人编撰，封面题写着"《赵氏族谱》第三十二号，赵显廷成之敬存"。

笔者收藏的民国石印本《赵氏族谱》的封面

封面语题"族谱订置，清正根基，一支一本，注重保存，任意毁灭，不利子孙，编者特告，族人留心"，落款"兴荣清明"。上有一方朱印，印文模糊不可辨。

这支赵姓族人，因明末避难，从湖北麻城孝感乡入蜀，后又分散迁到四川的洪雅、成都、邛崃、新津、大邑一带居住。两百年间，赵氏族人最多一支发展到十七代，数千人，最少一支也发展到十五代人。

卷首语题"唉！造父平生精御射，周穆封职治赵城，赵族血统原无二，子孙遵法守心诚"。这首诗道出了天下赵氏只一家，始祖就是造父。造父是周天子的驾驶员，曾驾马随穆天子西征，因功获周穆王的封赏，封地就是赵城。从此，造父家族便以"赵"为姓，这就是赵姓的由来。

公元前1000年左右是周穆王统治的时代。传说他活了一百零五岁，在位五十五年，是西周在位时间最长的王。传说造父驾八匹骏马的豪车，以马的毛色命名，车中坐着穆天子，日行三万里，到瑶池去与西王母娘约会。唐代诗人李商隐有诗云："瑶池阿母绮窗开，黄竹歌声动地哀，八骏日行三万里，穆王何事不重来？"风流多情的穆天子，坐着造父驾驶的八骏豪车，周游天下，到西域会王母娘娘。传

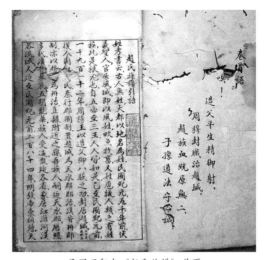

民国石印本《赵氏族谱》首页

说穆天子与西王母花前月下，对酌倾谈，携手同游瑶池，周王还送西王母白玉黑璧以为信物云云。

《赵氏族谱》中这样记载（以下为笔者据原文所译白话）：

周穆王因造父驾八骏之功，封居赵城（山西省赵城县），后人因以赵为姓氏。秦行郡县制，置赵城为天水郡郡治。汉晋改州郡制，亦以赵城为州治，直隶附近之县。我们这支赵氏族人，祖居天水郡，经历了很多代。汉、晋之后，五胡乱中华，天水赵氏族人被迫迁往各省各地，主要分布在长江、黄河、淮河、汉水、珠江等流域。

到了1628年，正是明崇祯年间，天下大旱，民间常发生人吃人的惨剧。流民四起为寇，"争城杀人盈城，战野杀人遍野"。陕西人李自成杀到北京城，北方的燕、晋、齐、鲁各地皆遭到李自成军队的杀戮。又有陕西人张献忠帮助李闯王剿杀，河南、湖北、四川的老百姓可倒霉了。张献忠的军队杀到湖北，听说这里的乡妇最孝顺，心中感动，他便下了一道命令，饶恕了湖北的孝顺妇女，只要有孝妇的家庭，门前插上一枝麻秆，军队不能乱杀人。大家听到这个消息，家家

湖广填四川

户户都插上麻秆，结果整个城市都插上麻秆。所以这座城里的人全都保住了性命。当时我们这支赵氏族人全部混入这麻城之中避难，因而也得以保命，全部活了下来。我族人虽然躲过了这一大劫难，但以后的艰难还有很多，这么大一家子，吃饭穿衣怎么办？我们只好分散出去，各奔东西，各谋衣食。大军走后，我们族人随着幸存的难民向四川方向逃去。张献忠军队打到了四川洪州（洪雅县），止戈渡兵败，折返盐亭。雾中遇清兵，张献忠本人也被清将肃王豪格射杀在西充凤凰坡。张献忠余部四散而逃，战乱就慢慢地平息了下来。所以，今天湖北有"麻城孝感乡"，四川有"洪州（洪雅）止戈街"。（按：四川旧族谱中，许多都有关于洪州止戈街的记录。当时，张献忠大西政权所能控制的地方有限，清军的大部分势力还没有进入四川。事实上，四川还有许多地方如乐山、丹棱、洪雅、雅安、名山、芦山、犍为等地，都还是南明王朝的实际控制区。南明王朝毕竟代表正统的朝廷，所以成了各省各地难民心中向往的"圣地"，故谱中记录多有"是时皆有南徒之谋"，就是指迁到这些地区）

我们迁往四川途中，所见所闻，触目惊心，道绝行人，林稀烟火，人民虽有幸免战争屠杀，但死于瘟疫——大头病者很多。我们这一支赵氏入蜀先祖赵兴祖、赵兴荣、赵荣高，都是从麻城渔草坪入蜀的。他们全部侥幸免瘟免难，并在洪雅县安宁坝赵桥安家落业。兴祖公所娶夫人不详。荣高公娶罗氏为妻，子孙传了五代。到康熙年间，中国北部新疆喀尔咯（噶尔丹）发生叛乱，西部藏民发生叛乱，四川又连续三年发生旱灾，蠹贼四起扰民，民不聊生。先祖兴祖公、荣高公的五世孙赵鄂与赵成秀正值年轻力壮，他们看见上下交乱，在当地无法生存下去了，又听说晋原县（四川大邑）一带，地广人稀，土地肥沃，就与同族人迁到温江、郫县、成都、华阳等处居住。还有一些赵氏族人迁到崇州、蒲江、新都、彭县，一些迁到花溪、柳江，也有迁名山县、雅安罗坝、中坝、月耳山等地的。赵成秀这一支迁到晋原（大邑），居住在晋原南乡邓土地房附近。赵鄂这一支居住在邛州观音院附近。赵成秀依赖冯名吴先生帮助，指地为业，还娶了邓应天先生的女儿为妻，生了一个儿子，取名为赵英。赵英还没有成年，父亲赵成秀因思念老家，便回洪雅县赵桥老宅去料理家务。哪晓得他一去不返，在那里又娶妻生子，另成宗支不提。现单说大邑邓家婆媳，望眼欲穿，孤苦无依，婆媳相依为命，将赵英抚养成人。赵英长大后，娶妻生子，子孙相传，至今也有十二代人了，人口繁多。到民国庚辰（1940）元旦，赵家族中长辈赵大银、赵廷玉、赵廷璧见族人多了，许多人又都搞不清楚这支赵氏的来龙去脉，族叔赵玉廷便慷慨捐巨资，命我来重修这支族谱。以明宗支系统，制订家法十则，续定派行百代，使后辈人谨慎遵守。礼为教本，耕读传家，种桑课儿，林泉设砚。遂同族长赵大银于清明前三日赴洪州止戈街、安宁坝赵桥大坟宕等处寻根问祖，查清了始祖来川的赵姓坟碑。又到普泽祠堂、赵嘴祠堂等沿江两岸上下几十里的赵姓祠堂、赵家坟地收集和清理残碑断匾。凡涉及赵姓文物，皆一一调查清楚。前前后后用了一周的时间，查清了我们先祖来四川的原委，分清楚宗支分布的情况，编定了百代班辈字目，修成此册《赵氏系统谱册》，并啰唆几句在族谱的前面，以便后人饮水思源。

族谱开列赵氏在四川不同宗支班辈派行

1. 新津龙马寺赵氏派行：兴龙彦孟岐，鄂德忠时玉，天殿照文宗，万国朝光玉。

2. 邛崃观音院赵氏派行：兴龙彦孟岐，鄂德忠时怀，李辉永文国，世廷元家光。

3. 邛崃洪茨藤赵氏派行：兴龙彦孟岐，鄂德忠时长，天世泽登源，廷喜福寿清。

4. 洪雅县安宁坝赵桥赵氏派行：荣新奇正，可啟应世永，云长其正元，开崇攀万德天。

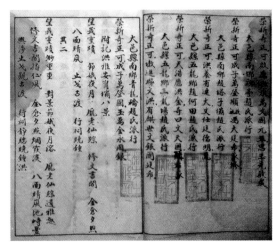

民国石印本《赵氏族谱》中各支迁入四川省各地的详细记载

5. 洪雅县赵嘴赵氏宗祠派行：荣新奇正，可启应世永，万文国元正，思玉光敏成。

6. 大邑南乡碑亭赵氏派行：荣新奇正，可成子，登顺启（毓）冯大廷，希家修。

7. 大邑南乡赵塔子坝赵氏派行：荣新奇正，可洪养，有连大，文仕廷，德明克。

8. 大邑五龙乡赵何田赵氏派行：荣新奇正，可天浩，应洪金，奇日天国颢希家。

9. 大邑五龙乡三龙场赵氏派行：荣新奇正，可墩进，聊文洪，有麟世文银，国廷希。

10. 大邑南乡青龙桥赵氏派行：荣新奇正，可成子，万登国，王万金，永国银。

与开列赵氏在四川不同宗支班辈派行正本清源的宗旨不同，《赵氏族谱》中新拟定的赵氏《百代派行字目》，则希望子孙后代，周而复始，万世可用：荣新奇正可，成子万登翼，毓冯大廷希，家修齐治策，廉俭谨培基，芳辉耀化宇，模范寓慎勤，伦常威信重，性和旭真生，瑞章纪实理，武志建功勋，心善事权，贵吉意守诚，春琴仁燕品，夏棋义荷晴，秋书礼雁语，冬画智凤昇，渔梅先公觉，樵兰候维村，耕菊将懋达，读竹相与荣。

附录赵氏《百代派行字目》于此，笔者虽非赵姓后人，犹心有所感，想来血脉相连的赵氏后人，聆此百代殷殷嘱望，或许感触更深？

【蜀都家谱】

家族的荣耀

《蔡氏族谱》：蔡家出了个驸马爷

光绪二十八年（1902）刻本《四川中江崇庆蔡氏族谱》，共二册，长27厘米，宽17厘米，封面题写"板存驸马坟祠内"。笔者很好奇，"驸马坟祠"究竟在哪里？既然叫"驸马坟"，这里可能埋着一位驸马爷，又是哪个朝代、哪个皇家的驸马爷？

通过阅读此谱，还真的在里面找到了这位蔡姓驸马爷，他叫蔡心一，明万历年间尚（娶）蜀端王女儿纯孝郡主。他死后的坟墓就叫"驸马坟"。古代公主（郡主）出嫁又称"出降"或"下嫁"，驸马娶公主（郡主）则称"尚"公主（郡主），因为公主（郡主）地位比其夫（驸马）要高。蔡心一娶了蜀王的女儿为妻，就是属于草根逆袭，高攀皇亲国戚，族谱上不能用"娶、配"，而用一个"尚"字。

笔者所藏《四川崇庆中江蔡氏族谱》，光绪二十八年镌，板存驸马坟祠内

《四川中江崇庆蔡氏族谱》有上下两册，在谱男丁上册有六百一十五人，下册有四百三十四人，共计一千零四十九人，不包括妻子和女儿，以及十五以下夭折的蔡氏族人。

据《四川中江崇庆蔡氏族谱》记载，光绪二十八年（1902）六月中浣（每月中旬），蔡氏后裔秀才蔡大鹏编辑这部蔡氏族谱，在序言中讲述了这支蔡氏家族的历史（以下白话为笔者据原文所译）：

我们这一支蔡氏的太上祖叫蔡愈，生了两个儿子，长子叫蔡奉祥，次子叫蔡奉瑞。大明成化元年（1465）蔡奉祥与弟弟奉瑞、奉明还有叔叔蔡盛，从浙江嘉兴府石门县八十八都，因战乱迁入四川潼川府中江县小南关外古店驿柏香堂定居。传到第四代，蔡表，娶萧氏，生三子，长子蔡心一，次子蔡东一，三子蔡会一。第五代到蔡心一，心一乃表公长子，明隆庆庚午（1570）举人，万历十一年（1583），官湖广衡州府麻阳知县，后升任桂阳州知州。他运气很好，尚（娶）了蜀端之女纯孝郡主为妻。［按：蜀端王朱宣圻乃蜀康王朱承爝的庶子，嘉靖四十年（1561）袭封，万历四十年（1612）薨。《四川通志》记载，端王葬于华阳县东十五里的毓灵山，就在今廖家湾皇坟附近。明末时，这支宗室与皇室的血缘关系已经很疏远了。张献忠攻陷成都，末代蜀王朱至澍与妃妾们投井自杀，全宗的人也都被杀］

蔡心一和女纯孝郡主一共生了三个儿子，长子蔡可选，次子蔡可暹，三子蔡可聘。蔡可选娶黄氏为妻，生子二：蔡系周、蔡光周（清代前往崇州的第一代始祖）。可选公明万历丙申年（1596）恩贡，河南汝宁府通判。［按：据清代《麻阳县志》记载，蔡心一任麻阳知县期间，为官清廉，倡扬公益，关心民众。他还从疏纳谏，凡县衙判断之事，允民"驳其非，取其是，改其错"。他心系百姓，县人张兴义开山修路时伤了足，父母官蔡心一亲携药物及糖果至工地看望，一时

清刻本《蔡氏族谱》中关于蔡心一尚取蜀端王女儿纯孝郡主的记载

传为佳话。是时，修桥补路植树等义务之举，常见不鲜。蔡心一深知"治天下者以史为鉴，治郡国者以志为鉴"之理。于万历十四年(1586)，他主持编修了一部《麻阳县志》。麻阳苦无水利，蔡心一跋山涉水，察看地形，率民植树造林，劈山修路，开坡筑堰四十余处，百姓深受其益。万历二十三年 (1595)，蔡心一离任时，树木成林。此时，有盗伐者，民众愤怒唾斥之曰："蔡父手泽，而汝伤之，不祥甚也!" 二十四年 (1596) 三月，民众感戴恩德，于县城 (今锦和) 东阙建"蔡公生祠"，祠内立有德政碑，上刻"蔡父为政廉明不泯也"之句。春秋二祀。]

蔡大鹏族谱里继续讲述蔡氏家史 (以下为笔者所译白话)：

我们这支蔡氏，系出帝胄，派衍姬姓，乃是周武王母亲的弟弟度 (他是周文王姬昌第五子、武王姬发之弟、成王之叔)，他的儿子叫仲。蔡仲的德行好、忠于国君、孝顺父母，被周公封在蔡地，故后裔以蔡为姓。 (按：公元前 11 世纪，周武王姬发灭商后，将弟弟叔度封于蔡，即今河南上蔡，建立蔡国，与兄管叔鲜、弟霍叔处共同监督被封在商朝旧都的殷纣王之子武庚禄父，管理殷商遗民，史称"三监"。武王死后，周成王年纪太小，武王弟弟周公旦即周公因此临朝摄政。叔鲜、叔度对此不满，联合商纣王之子武庚及东方夷族进行叛乱，周公奉命兴师讨伐，并予以平定，事后处死了武庚与叔鲜即管叔，并将蔡叔放逐。不久，蔡叔度死于迁所。其子胡，能认识到父亲的过错，不与之同流合污，且遵守文王德训，与人为善，周公听说后，便派他到鲁国辅佐自己的儿子伯禽。由于胡政绩卓著，周公奏请成王改封胡于蔡，以奉叔度之祀，是为蔡仲。蔡仲也被后人尊为蔡姓的得姓始祖) 后来传了二十五代，蔡国被楚国兼并，子孙散居民间，读书乐道，英哲辈出。 (按：蔡国六百多年传了二十五代，公元前447 年被楚国攻灭，子孙散居楚、秦、晋、齐等各国) 其中比较有名的是秦朝的蔡泽 (按：战国时，蔡泽曾取代范雎任秦国相，封刚成

清刻本《蔡氏族谱》中关于太上祖的记载

君）；汉代的蔡伦，发明了造纸术[按：蔡伦：桂阳（今湖南郴州）人，东汉宦官，改进了造纸术，他总结西汉以来用纤维造纸的经验，创造用树皮、麻头、敝布、渔网造纸之法，时称"蔡侯纸"]；晋代有蔡谟，识进退之权（史书有作"蔡墨"，做过晋国太史）；唐代蔡允恭，登学士之选。（按：蔡允恭，字克让，荆州江陵人；隋末唐初官吏、文学家；西梁左民尚书蔡大业之子，蔡大宝侄子，美姿容，有风采，善缀文；未及仕而梁为隋所灭，与虞世南友善，邀为隋炀帝从官；入唐，以虞世南荐引为秦王策府参军、兼文学馆学士，与房玄龄等十八人荣称"登瀛洲之选"，秦王命阎立本图像馆中，褚亮为赞焉；太宗即位，置弘文馆于殿左，复以允恭为大学士）

到了宋代，人文蔚起，蔡元定和儿子蔡沈，皆拜朱熹为师，作为理论大师的传人，配享圣庙至今。（按：蔡元定，人称"西山先生"，建宁府建阳人，蔡发之子。南宋著名理学家、律吕学家、堪舆学家，朱熹理学的主要创建者之一，被誉为"朱门领袖"。幼从其父学，及长，师事朱熹，朱熹扣其学识，见他谈吐非凡，即惊奇道："此吾老友也，不当在弟子之列。"四方来学者，朱必让元定考询方能入学。朱、蔡二人师友相称，研究学问，著书讲学，长达四十年，亲密无间。元定一生不涉仕途，博涉群书，探究义理，潜心著书立说。为学长于天文、地理、乐律、历数、兵阵之说，精识博闻。著有《律吕新书》《西山公集》等）

明代成化元年（1465），那年天灾，许多人饿死了，我的祖先奉祥公弟兄叔侄，由浙江迁入四川，安插到凯江（中江县）西古店驿之柏香堂，在那里生活了几代人。到了心一公，重振家声。到了清朝初年，光周公避乱迁到了崇阳（崇庆县，今天崇州市），道光十五年合族修建蔡氏祠堂在驸马祖茔处，每年春秋两祭。

我们这一支，以蔡光周作为清朝第一世。明朝末年，战乱不断，蔡光周，娶妻汤氏，生一子蔡玉。明末避乱从中江县迁到崇庆州（今崇州市）北塔山。康熙元年（1661）从州北关外黑石河，至十二年始回中江经理祖茔，清查地界。明兵燹之余，人烟几断，不久又回到崇庆州生活。蔡光周生于明天启二年壬戌（1622）十月二十日亥时，卒于康熙三十年（1691）正月二十日未时，享年七十岁。

现在来看，蔡姓名人其实还很多，比如西汉经学大家蔡千秋，字少君，沛县人，曾跟从鲁人荣广学习《谷梁春秋》。宣帝时为郎，在石渠阁与《公羊春秋》学者同时讲学；东汉时著名文学家、书法家蔡邕，其女儿蔡文姬，名琰，著名女诗人，她的《胡笳十八拍》家喻户晓；北宋时杰出书法家蔡襄，其楷、行、草书皆具特色，为宋四家"苏黄米蔡"之一；近现代的大教育家蔡元培，浙江绍兴人，曾任北京大学校长，提倡民主与科学，倡导科教育人，实行先进办学方针；中国共产党早期领导人蔡和森，湖南省双丰人；抗日爱国将领蔡廷锴，广东省罗定县龙岩乡人，曾在震惊中外的"一·二八"事变中，奋勇抗击日军进攻，给予其沉重打击，在中国人民抗战史上写下光辉篇章。

族谱中还刻印有一道明万历年间《表公暨萧孺人敕命》。这是驸马爷蔡心一为自己的父母向皇帝申请的褒奖。作为蔡家祖上的光荣而刻入家谱，作为史料，将全文录下。敕命曰：

奉天承运，皇帝制曰：朕嘉勤事之吏，酖恩厥考，虽衡门幽隐，咸得兴于宠荣所以广孝而劝忠也，尔蔡胡乃湖广衡州府桂阳州知州蔡心一之父，含醇抱朴，准履绳，谨厚素著于乡，评议方隽，彰于庭训，惟尔亢宗之子，为予司之臣，宜有恩褒以昭善庆，是用赠尔为奉直大夫，服茂命于泉壤，垂休光于庙祐。制曰：母氏劬劳，恩称极，人子欲报之心，虽没世不忘也，国有宠命，实式慰之，尔萧氏乃衡州府桂阳州知州蔡心一之母，性含温惠，履勤俭，操训组以持家，裁机杼而教子，门间万大钟已捐是用，赠尔为宜人，只歆纶绰之华少释栘之憾。诰命之宝，大明万历二十年十二月。

明清时期规定，凡是考取进士或当了官，都可以给去世的家人请求皇上封赠，封赠是皇帝给予官员的荣典。万历年间，蔡心一官湖广衡州府麻阳知县 (正七品)，后升任桂阳州知州 (正六品)，他就有资格为祖父、祖母、及父母申请封赠。他只需要向朝廷打一个报告，再交点钱，就可以得到应有的封赠。

明清规定：六品以上官员的祖父或父可以封赠为"奉直大夫"，祖母、母亲可以封赠为"宜人"；七品以上，男可以封赠"文林郎"，女可以封赠为"孺人"。"奉直大夫""文林郎"皆散官名；散官仅存名号，有名无实，无职务，无俸禄，不拿钱，不上班。一句话，朝廷收你捐纳钱物，封赠给你个官衔名号，但不用发薪给你，你也不用去上班，真正的无本生意啊。按古代的捐纳制度，向国家捐纳钱物而取得文散官"奉直大夫"官衔，大约需费数十到数百两白银。这个办事机构就在今天故宫午门右侧的一个小房间，由太监办理，所得钱物有大部分作为太监的主要收入。

《吴氏族谱》：宋徽宗为之作序

"拉大旗作虎皮"，修族谱找些名人名家来作序，这种现象几乎在所有族谱里都能看到，也就是说，基本上都这么做。有的族谱甚至在"凡例"里就明确说明，一定要找当时名人来为族谱作序。在宋代，大家最喜欢找的名家有欧阳修、王安石、范仲淹、朱熹、文天祥等。你要是翻阅古代的家谱，十处打锣九处有他们的身影。也难怪，当时做序文的润格颇丰，一般在三百两白银上下。而且名气越大，找他的人就越多，用门庭若市一点也不夸张。他们各取所需，在当时已经形成了一个看不见的市场。但是要想请皇帝作序，就非常难了。你不好开口啊，皇帝老倌儿也不稀罕你那几百两银子，没有非常特殊的关系，恐怕连想都不要想。

笔者所藏清刻套印本《吴氏族谱》书影

家族的荣耀

确实如此，历史上，皇帝亲自为某姓氏族谱作序非常罕见，然而吴姓族人却拥有这份荣耀。因为宋徽宗皇帝在宣和六年三月初三那天，为臣子吴革重修的家谱作了一篇御制序文，吴家子孙世世代代都把这份荣耀刻印在家谱的第一篇。

这篇序言大意是这样的：

朕在当太子时，就听说吴氏家族非常优秀，源远流长。朕登基后，下诏广收天下名家志、铭、序、传及各种家谱文献，作为编纂国史的参考资料。当时主管这项工作的官员叫吴革，他捧出吴家的族谱呈上。朕在公务之余，细细看过一遍，发现吴氏家族的郡望有泰山郡、濮阳郡、西河郡、太原郡等，从汉唐到今天，记载得清清楚楚。

吴氏晋代的远祖吴隐之非常有名。他一反当时社会的奢靡之风，以忠、孝、廉、谨之高尚行为，影响了当时的社会风气，承前启后，移风易俗，纠正了时人的不良行为。

宋徽宗为《吴氏族谱》作序封面套红且绘有龙云图案

清刻《吴氏族谱》中宋徽宗所撰吴氏族谱序内容

人之所以不同于禽兽，是因为人有天伦、天性；君、臣、父、子就是天伦；君仁臣忠、父慈子孝就是天性。

天生时，地生财，父生子，师教之。人只有吃饱了饭，穿暖了衣，才知有礼、有义、有忠孝、有廉耻。过去苏洵修的《苏氏家谱》中说："随着时间的推移，人可能不断地繁衍下去，各分支的亲情就会淡漠下去，原来一大家子形同一人，就可能转化为行同路人，可悲啊！"这正是修谱续家史的原因，保存一些家族的记忆，庶使后代不至于遗忘得那么快。朕对这番话感触颇深。

不整理家族史料，怎么知道谁是你的亲人，就算走在一条街上都形同路人；再和谐的大家庭，家中出了一个败家子，便可能毁于一旦。你看那些王谢之家，兴衰沉浮，不过是平常的事；看你修高楼，笑你拆高楼，不如诗书传家，耕读传家。教好子孙，恪守忠孝，这才是千百年不可磨灭的家谱中所传递出来的信息啊！也但愿吴氏家族永偕，瓜瓞连绵，生生不息，与国家的命运一样长久。钦此。

宣和六年三月初三日

古公亶父是轩辕黄帝的后代，姓姬，名亶父，是周朝的奠基人，历史上的著名贤王。古公有三个儿子，长子泰伯，次子仲雍，三子季历。老三季历生子姬昌（周文王）。爷爷古公非常喜欢这个孙子，认为他有圣明之兆。古公说："我的后代当有成大事者，大概就是姬昌吧？"长子泰伯和次子仲雍知道古公想立季历，以便将来能传位于姬昌，所以两人便以进山采药为名，逃到荆蛮，按当地风俗，身刺花

《吴氏族谱》中还有关于吴氏始祖吴泰伯的传说

·133·

纹，剪短头发，以便古公传位给季历。

古公死了，季历果然登位。季历死后，传位姬昌，就是周文王。泰伯逃到荆蛮，自称"句吴"。荆蛮人钦佩他的品德高尚，追随并且归附他的有上千家，被拥立为"吴泰伯"。孔子在《论语·泰伯》中云："泰伯，其可谓至德也已矣，三以天下让，民无得而称焉。" 泰伯三让天下和开发江南的功德，受到后世敬仰。

泰伯无子，死后由其弟仲雍继位。泰伯葬于梅里东皇山南麓。周武王灭商后，派人找到仲雍的后人周章，正式册封周章为吴国君主。泰伯被后世奉为吴姓的始祖。

《张氏族谱》：岳飞题词赞张浚

张氏入蜀的始祖

清光绪五年刻本《张氏族谱》分谱序"凡列""新增六款""排行""条约""列赞""源流""五服图"等内容。《张氏族谱》记载，这支张氏第一世张衍，号化孙，一名张挥。一世祖"世居金陵（今南京），为第四十三代始迁福建省汀州府宁化县中琴图石壁村"。传八世张明辅后，又"迁粤东嘉应州长乐县住居地名鲤鱼江吊臂岭"，时间大约是元末明初。

笔者所藏清刻《张氏族谱》书影

又传至第二十一世张英元，生于康熙十八年九月二十九日未时。不知出于什么原因，"雍正乙巳年（张英元）偕祖妣由粤（广东）迁住居重庆府荣昌县，以耕稼为业。雍正甲寅年十二月二十八日卒于荣昌邓家坝，葬邑之东门外三教寺侧，未山丑向"。张英元便是这支张姓后裔迁蜀之始祖，谱中继续说："（妣）随（英元）公入蜀，艰难拮据，辛苦备尝。癸亥由荣昌邑迁成都府华阳县东山彭家村，置产白土沟立宅。乾隆丙戌年十一月初三日辰时卒，葬县之然（燃）灯寺侧与必旺公墓平列，居左山向癸山丁。"

家族的荣耀

这段文字说明这支张姓又从荣昌县迁往成都市东山一带，这一带今天仍然是许多客家人的聚居地，当地至今仍然保留了不少客家风俗文化。故二十一世祖张英元就成了这一支张氏入蜀的始祖。谱后有一则附录考证说："附考荣昌县粮名与华阳县东山燃灯寺侧祖墓粮名，俱注册曰：张洪成。"就是说钱粮税单上登记的户主人名叫张洪成。

张氏的姓氏来源考

此谱所载张姓得姓之源流，与其他几种史料有出入，关于张氏的姓氏来源说法不一，至少有四种以上的记载。一种据《新唐书·宰相世系表》所载："黄帝子少昊青阳氏第五子挥为弓正（官名，负责弓箭制造），始制弓矢，子孙赐姓张氏。"另一种据《路史·国名纪》说："黄帝第五子，公字玉爵，号天禄，仰观弧星，始制弓矢，为弓正，因赐姓张，封于张（今山西永济市东）。"第三种据《山海经》："少昊生般，般始为弓矢。"第四种据《通志·氏族略》引《元和姓纂》云："少昊之子封于尹城，因氏焉。"而这册《张氏族谱》的记载却是："黄帝有四妃，二十五子，得姓十有四人为姓十二。其妃鱼彤氏生子挥公，名衍。从其能制弓矢，分封于清河，为弓正之官，因以官为氏赐姓曰张。"以上几种说法有几处相同之处：①张姓始祖是古代兵器弓箭的发明者。②他被黄帝封为"弓正"，负责弓箭制造。③以官为氏赐姓曰张，其后裔以张为姓氏。④张姓系黄帝直接传下来的后裔。不过问题来了，这个"挥公"也好，"天禄"也好，"般"也好，到底是不是一个人？他到底是黄帝之子还是黄帝之孙？

黄帝战蚩尤　玄女授神符

我们不妨来看看清光绪五年刻本《张氏族谱》的详细记载：蚩尤有八十一个兄弟，皆南方的苗蛮部落，与黄帝部落"于版（阪）泉之野"展开大战。这场战斗十分激烈，风伯、雨师等各路神仙都参与大战；各个兵种、指南车等高科技也用上；风、雨、旱、雾等气象也成了相互进攻的利器，"风伯清尘，雨师洒道，上有金枝玉叶，五色祥云，覆盖于上。蚩尤晓天文，作大雾三日，军队皆惑，不能行。黄帝乃命风后作指南

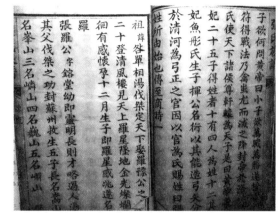

清刻本《张氏族谱》中关于黄帝与蚩尤阪泉之战的记载

车，以别四方"，"九战不胜，黄帝归太山，三日三夜，雾中有一妇人，人首鸟形。黄帝稽首再拜，伏不敢起。妇人曰：'吾元（玄，清代避康熙讳）女也。子欲何问？'黄帝曰：'小子欲万战万胜'"。玄女便授以神符、战法等秘籍，最终大败蚩尤，灭了东方诸都落，玄女封黄帝为天子。

古代蒙书《历代歌括》之"王帝纪"中记录了这段历史，文字浅显易懂，儿童一念，朗朗上口，文曰：

黄帝轩辕氏，人事渐完备。
诸侯适争雄，适习干戈起。
蚩尤尝作乱，作雾迷军旅，
帝造指南车，起兵相战敌，
蚩尤被帝擒，杀于逐鹿里，
龙马授河图，得见无文纪。

据史书记载，黄帝打败了炎帝，两个部落渐渐融合成华夏族，华夏族在汉朝以后称为汉人。黄帝有二十五个儿子，其中有十二个儿子

被他赐姓，两个儿子从了他的姓，有九个儿子被各封一国。黄帝的孙子颛顼继承了帝位，号高阳氏；曾孙帝喾，号高辛氏。黄帝娶了西陵国（四川绵阳市盐亭县）的女子嫘祖为妻，嫘祖是黄帝的正妃，生了两个儿子，老大叫玄嚣，也叫青阳、少昊、少皞、少皓、少颢、金天氏、朱宣。玄嚣有五个儿子：长子帝鸿、次子虞幕、三子少昊、四子敖骈、五子张挥。张挥即挥公，张氏始祖。因为挥公住在尹城国的清阳，清阳因在清河以南而得名（今河北清河县东）。清河成为张氏郡望，也称清河张氏。

这册《张氏族谱》中谈到张挥是黄帝与第三位妃子彤鱼氏所生："黄帝有四妃，二十五个儿子，有十四个儿子得到了封姓。其中第三个妃子叫鱼彤氏，生了一个儿子名挥，又名衍。因为他从小善于制造弓箭，被黄帝封为'弓正'，以官为氏赐姓曰张。"这就是张姓得姓的原因。这段记载显然有误。据史书记载，彤鱼氏系炎帝之女、黄帝第三妃，她负责人们的饮食住行，教会了人们用石板炒肉吃。张挥应该是黄帝的孙子、玄嚣的第五个儿子。

《张氏族谱》继续讲：从张挥传了上千年，到了商代，有一位祖先叫张咎单，他做过商汤的宰相，曾帮助商汤讨伐夏桀，最终夺取了天下。张咎单娶了罗豫公之女。有一天，二十岁的罗女登清风楼，见天上罗星坠地，金光灿烂，徘徊有感，怀孕十二个月，生了个儿子。因为有罗星感兆，遂取名为张罗。张罗，字镕堂，幼年时就非常聪明，长大后才略过人。商王想到他的父亲曾帮助过他，便封他做了苏州牧。张罗又生了五个儿子，取名为张嵩山、张峰山、张嶙山、张巍山、张嶰山。

文昌帝君的传说

后来传到第五十八代叫张仲，字广明，号仲甫。周武王乙巳岁二月初三日降生于吴会间，事父母至孝，以孝友著称。宣王时为大夫，与尹吉甫、方叔、南仲等同朝，及周幽王即位，王暴虐，屡进谏，王恶之，赐以鸩（毒酒）而死，被后世封为"辅元开化文昌司禄宏仁帝君"（文昌帝君）。这显然是一个被神化了的人物，相传文昌帝君先后七十三次化身：在周成王时为张善勋；宣王时为张仲；在汉为张良；在晋为梁王吕光；姚秦之世为张亚子；五代为蜀王孟昶；等等。其为人天性刚烈，明察秋毫，秉性仁厚，恤民如子。其传世之作有《文昌帝君阴骘文》。张仲生二子：张逸、张众。

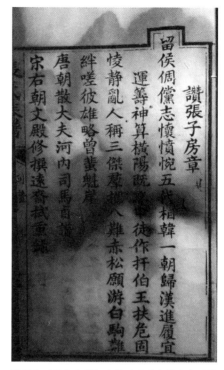

清刻本《张氏族谱》中所刊司马贞赞张良的诗

司马贞在《史记索隐》中述赞张子房：

留侯倜傥，志怀愤惋。

五代相韩，一朝归汉。

进履宜（假），运筹神算。

横阳既立，申徒作扞。

伯王扶危，固（陵）静乱。

人称三杰，群推八难。

赤松愿游，白驹难绊。

嗟彼雄略，曾蜚（通非）魁岸。

（按："进履宜假"的"假"疑有漏刻，为笔者加）

家族的荣耀

·139·

张良辅佐汉高祖

张氏后裔又传到战国末年，第八十代叫张良，字子房，韩国人。公元前230年，秦灭韩，为韩报仇，张良以重金招刺客准备刺杀秦王。《史记·留侯世家》记载："东见仓海君。得力士，为铁锥重百二十斤，秦皇帝东游，良与客狙击秦始皇博浪沙中，误中副车。秦皇帝大怒，大索天下。"事败后，乃变更名姓，亡匿下邳（今江苏睢宁县西北）。桥下遇黄石公，授《太公兵法》。后佐汉高祖刘邦灭项羽，平定天下，封留侯，与萧何、韩信并称"汉初三杰"。高祖曾夸赞曰："运筹帷幄之中，决胜千里之外。"生二子：不疑、辟疆。

司马光写《假髻曲》调侃张载

清刻本《张氏族谱》中刊印司马光《假髻曲》

《张氏族谱》收录司马光的一首《假髻曲》，与老友张载调侃，很有趣。以下为原文：

司马光《假髻曲》一章，奉寄子厚先生旧契，知不以道远而忽于评政也。

东家美人发委地，辛苦朝朝理高髻。

西家美人发及肩，买妆假髻亦峨然。

金钗宝钿围珠翠，眼底何人辨真伪。

碧桃窗外来东风，假髻美人归上公。

资政殿司马光顿首

张载（1020—1077），字子厚，凤翔眉县（今陕西眉县）横渠镇人，

·140·

北宋思想家、教育家、理学创始人之一。世称"横渠先生"，尊称张子，封先贤，奉祀孔庙西庑第三十八位。他的旷世名言"为天地立心，为生民立命，为往圣继绝学，为万世开太平"，历代传颂不衰。张载与周敦颐、邵雍、程颐、程颢合称"北宋五子"。他有《正蒙》《横渠易说》等著述留世。

绵竹张氏的传奇

话说张氏传到唐代，有个祖先叫张九皋，他是唐朝宰相张九龄的弟弟，曾任唐岭南节度使，由韶州曲江（今属广东）迁长安。他又传了八代，张氏祖先叫张璘，任国子祭酒，随唐僖宗入蜀，由长安徙成都。张璘的孙子叫张文矩，字中规，即张浚的曾祖父。后来以曾孙（张浚）贵赠太师、封沂国公，其妻杨氏，生子三：纮、绚、纨。杨氏后封高密郡夫人、沂国夫人。张文矩早逝，杨夫人守节抚孤，携三子由成都迁回娘家绵竹县仁贤乡武都里。杨夫人实为绵竹张氏始迁之祖，张家遂落籍为绵竹人。

据《张公南轩族谱》记载：绵竹张氏第一代应该是张纮。张纮，字元子，号希白。公幼有大志，仁宗庆历元年（1041）举茂才。至和元年（1054），知雷州。时黎人反宋起义，朝廷命公主持其事，公深入黎民居地，以诚相待，抚慰劝说，起义旋息，深为廷朝称道，遂迁太子中书舍人，入京管干都进奏院。不久，以年逾六十辞官家居，筑希白堂，自号希白先生。嘉祐八年卒，享年六十七岁，谥忠定，以孙浚贵赠太师封冀国公。葬绵竹普润乡柔远里。著有《御戎策》三十篇。配赵氏封冀国夫人，王氏封匡（冀）国夫人。生子二：钺、咸。

张咸即张浚的父亲。张咸字君说，号汉源。据朱熹《张魏公行状》记载：张咸于宋神宗元丰二年（1079）举进士，元祐三年（1088）举贤良方正、能言直极谏特科第一，因得罪权贵，落选家居。绍圣元年（1094）复举贤良方正、能直言极谏科，授宣德郎，签书剑南西川节度使判官厅。元符二年己卯（1099）五月初四，以疾卒于成都普福僧舍，年五十二。大观二年戊子（1108）三月初十，归葬绵竹普润乡柔远里之新兆。以子贵赠太师，封雍国公。生五子：潮、潮、潞、混、浚。

据《张公南轩族谱》、杨万里《张魏公传》记载：张浚（1097—1164），字德远，号紫岩。政和八年进士。靖康元年（1126）擢太常寺主簿，高宗即位,任枢密院编修。建炎三年（1129）平苗刘之乱，除知枢密院事。时金人南侵，公力主抗金，升川陕宣抚处置使。任用刘子羽、吴玠、吴璘等先后取得一系列重大胜利，升检校少保、定国军节度使。后因富平之败去职。绍兴四年（1134）再任枢密院事，次年拜相。张浚重用岳飞、韩世忠。秦桧执政后，被排斥在外近二十年。曾在永州贬所连上五十疏，反对和议。孝宗隆兴元年（1163）再次拜相，封魏国公，主持北伐。隆兴二年（1164）八月二十八日夜，张浚病逝，年六十八岁。累赠太师，谥号"忠献"。著有《紫岩易传》。谱载公生于绍圣元年甲戌四月十四日寅时。子二：张栻、张构。（按：族谱为"张栻"，然笔者查阅其他书籍皆为"张栻"，疑族谱抄写错误，故后文均写作"张栻"）

周必大赞魏国公张浚云：

忠贯日月，孝通神明。
勋在王室，恩被生民，
威震四夷，功垂万世。
遗像巍峨，千古是企。

（按：有的史料记录此赞为朱熹所作，具体文字有些不同）

张浚一生，为抗击金军南侵，恢复中原，屡奋屡踬，屡败屡战，浩然正气，衷心不改。张浚为官，亦清正廉洁，他因为得罪了秦桧，被贬到零陵，随身只带了几箱子旧物。桧党诬告说："那里面肯定是张浚和旧部往来策划谋反的书信。"宋高宗派人去抄来，拿到朝堂上，打开一看，多是一些书籍、几件破旧衣服。虽然也有几封书信，信里全是忠君忧国的话。宋高宗大为震撼，非常动情地说："张浚文有治国之方，武有用兵之谋，贤能赶上殷之傅说、周之姜尚。他所建树丰功伟业，足能担当国家的重任，使四海太平安宁。没想到他竟然一贫如洗啊！"

抗金英雄岳飞赞张浚的诗

族谱原题"岳飞赞南轩先生张栻章"（按：此处编辑族谱的人记录有误，应是岳飞赞张浚的诗《送紫岩张先生北伐》）：

> 号令风霆迅，元声动北陬。
> 长龙度（渡）河洛，直捣向燕幽。
> 马蹄阒室穴，旗枭克（可）汗头。
> 归来报明主，恢复旧神州。

南渡后，有次岳飞上书宋高宗进言，高宗看后不悦，以越职为由将岳飞罢官，后补"正八品修武郎"，充中军统领。张浚很赏识岳飞，顶着压力，很快升岳飞为"从七品武经郎"，任统制。

还有一次，绍兴五年六月，张浚都督岳飞的军队去围剿洞庭湖杨幺起义军。由于要谋划防范金兵秋季南下，张浚曾要求岳飞暂时罢兵，但岳飞坚称"八日内可平杨幺"，并立下军令状。后来，岳飞果然在八日内攻克了杨幺在洞庭洞的全部水寨，擒杀杨幺。此事让张浚大为惊奇，深深佩服岳飞的军事天才。

文天祥评张浚："卓哉魏公，相国惟忠。名标青史，垂裕无穷。"

杨万里赞张浚："三圣无多学，千年仅一翁。"

一代宗师张南轩

《张氏族谱》中刊有岳飞赞南轩先生张栻诗歌

魏国公张浚之子张栻，字敬夫，一字乐斋，号南轩，南宋时期著名的理学家和教育家，湖湘学派集大成者。

张栻六岁时随父张浚至永州 (今湖南零陵) 居住，辗转三十多年，因此虽是绵竹人，但没有与蜀地的人相处过 (《南轩文集》卷二十六)。他从小便在家里接受父亲张浚教授儒家忠孝仁义以及《周易》。

绍兴二十六年 (1156)，张栻祖母逝世，张栻随张浚护丧归葬于四川绵竹故里。后返永州，拜师五峰先生胡宏。胡宏 (1105—1161)，字仁仲，崇安 (今属福建) 人，南宋著名理学家，师事二程门人杨时及侯仲良，是二程的再传弟子。张栻拜胡宏为师，时间虽较短，但胡宏对张栻理学思想的形成起了重要作用。

南宋孝宗隆兴元年 (1163)，张栻三十一岁，以荫补官。孝宗即位，张浚被任为枢密使，率师北伐。隆兴二年 (1164)，张栻三十二岁，父亲张浚因北伐失利被免职，行至江西余干去世。张栻护丧归潭州，乘舟行至豫章 (今江西南昌)，朱熹登舟哭之。从豫章上船，送至丰城下船，朱熹与张栻作三日谈。这是两位理学家的第二次会面。朱熹后来回忆："九月二十日到豫章，等到张魏公 (张浚) 的船来而上船吊唁，从豫章送到丰城，船上与张栻聊了三天，他天资很聪颖，对学

问的认识很正确。"（《朱文公续集》卷五）

以后两人不断书信往来，交流学术。相互之间的书信，收入两人文集的，就达一百数十件之多。是年十一月，张栻葬其父张浚于衡山下宁乡沩山。

乾道三年（1167），张栻三十五岁，主讲于岳麓、城南两书院。朱熹从福建来到长沙，与张栻"会友讲学"，并展开学术辩论。朱、张两人在一起讨论了理学的重大理论问题，相互展开了激烈的争论。朱、张两人的学术观点产生了某些分歧，以至展开较大的讨论，开创了书院自由讲学的新风，对于加强各学派之间的学术交流、促进学术思想的发展起到了重要作用。

淳熙七年（1180）二月二日，张栻因病卒于江陵府舍，终年四十八岁。张栻死后，其弟张杓护丧归葬于其父张浚墓侧，即今湖南省长沙市宁乡县巷子口镇官山乡官山村罗带山。

陈亮评张南轩："乾道间，东莱吕伯恭（吕祖谦）、新安朱元晦（朱熹）及荆州（张栻）鼎立，为一代学者宗师。"

经查，此谱的张氏祖先在宋代时一直居住在金陵（南京），而张浚一支已经在公元 1010 年前后迁居四川绵竹县了。故两者没有多少关系。为什么旧谱中有这些记录，笔者个人认为这是旧时修家谱的惯用手法，按照现代的说法就叫"拉大旗做虎皮"。

《陈氏族谱》中的抗战故事——陈离将军传略

国民革命军一二七师师长陈离将军像

摆在我面前的是一本虫蛀斑斑的旧族谱，里面收藏着一段发黄的历史，一段属于某一个人命运与中国近现代命运交错变革的历史。如果不是1938年的某一天，某个家族在那个特定的岁月里，留下一部属于这个家族较为完整的历史记录——四川安岳《陈氏族谱》，也许今天，包括所有陈姓后人在内，永远也不会知道关于这个家族的来龙去脉，笔者也不会写出这篇翔实的关于这个家族中某个成员的活生生的故事。这个充满传奇的色彩家族中最为传奇的主人公就是彪炳史册的陈离将军。

1938年8月中旬，安岳《陈氏族谱》完稿付印。这时，主持重修族谱的陈家第十一世孙陈离（谱名陈显焯）正在抗日前线。在此之前，他率一二七师与王铭章师长率国民革命军一二二师共同参加了著名的"滕县保卫战"。在固守滕县的战斗中，王铭章将军阵亡，陈离身负重伤。此时，他刚刚重返抗日前线。他只得委托

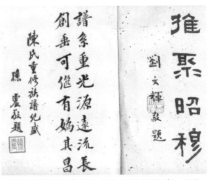

时任西康省主席刘文辉为《陈氏族谱》题词

《陈氏族谱》中纪录第十
一世的陈离谱名陈显焯

他的二弟陈谷生将军（谱名陈显焯，罗泽洲部少将参谋长）全权主持修谱之事。他不断从前线写信回家，给他的弟弟和儿子，甚至还寄回大量前线作战的照片，告诉他们川军出川浴血抗战的英勇故事。这些宝贵的抗战史料都被作为陈家的荣耀载入谱册。这些史料即使在今天看来，也是极为罕见的。

这部四川安岳《陈氏族谱》的红色封面，是由书法家、陈离的战友余中英（字兴公）将军题写。在族谱最前面的十多页名人题跋中，第一位是他的老首长邓锡侯将军，接着有当时的、西康省主席刘文辉、抗日名将李家钰将军以及林思进、刘咸荣、尹昌龄、赵鹅山等社会各界名流。整个族谱由"题词""序言""影丛""抗战简记""系数""事谱""附录"等七个部分组成。

其中所刊用照片多达两百多幅，这要归功于他的三弟治勋从德国带回的那套相当先进的"蔡司"相机。将如此多的照片载入族谱中，不仅在那个摄影尚不普及的时代属难能可贵，即便今天来看也是不多见的。

早年身世

据安岳《陈氏族谱》记载，安岳这支陈氏入蜀四川始祖为陈上表，娶杨氏，事迹无稽。大约在康熙初年入蜀，传到第十世陈世权，娶

陈离父亲陈允儒老先生像和母亲罗伯新老夫人像

四川安岳《陈氏族谱》记录的安岳陈氏字派

妻罗氏，名伯新，系罗公万诚之长女，生子显焯（陈离）、显煜、显燎，长女显善、次女显贞。

第十一世，陈离，谱名陈显焯，别号静，清光绪壬辰年四月二十二日未时（公元 1892 年 5 月 18 日）生于四川安岳城区的一个贫民家里；妻周氏，名式姜，生子隆，娶王氏名淑媛。

陈离的父亲陈允儒和母亲罗伯新一口气生下了五子二女。作为长子，陈离过早地肩负起照顾弟妹们的工作。那时，陈家日子很不好过，孩子们普遍营养不良，最小一个弟弟竟因身体虚弱，不幸夭亡，"母亲只能用一床破席裹着尸体，在村边一块荒地上挖了一个小土坑草草埋了。第二天家里人再去看时，只见一群饿狗正在啃小弟弟的骨头"。几十年后，陈离在侄辈们前回忆起这段心酸的往事时，眼中仍闪着泪花。

1911 年（辛亥），陈离从安岳县立小学毕业后，考入潼川府（治所在今三台县）中学。适值辛亥革命爆发，革命浪潮振荡全国，也鼓舞了青年人火热的心。当时年仅十九岁的陈离，遂在民主主义思想的感召下，投笔从戎，与胞弟陈谷生一起，步行到重庆参加学生军。其时，张列五任蜀军都督，夏之时任副都督。蜀军政府办有一所"蜀军将校学堂"，很有诱惑力。陈离与弟一起投考，结果被双双录取。谷生读该校速成班，六个月后毕业分配到川军充任初级军官。川渝两军政府合并后，陈离转入成都的四川军官学堂继续深造。

1915 年从军官学堂毕业后，陈离被分配到川军第二师炮兵第二团见习，继后升为排长，调到第二师步兵第五团。从此，他与一位"贵人"结下了不解之缘，后者可以说影响了他的整个人生。这个"贵人"就是邓锡侯——当时陈离所在的步兵第五团团长。之后他一直跟着邓将军转战南北，参加了护国讨袁战争，川、滇、黔军阀的各次混战，四川军阀之间的多次内战，用他自己的话说，"几乎可以说是无役不与"。

十多年之间，陈离由排长升连长、营长、团长、旅长、师长，可谓一帆风顺，官运亨通，财源滚滚。有了钱，他可以在自己的防区——新都和广汉——搞建设、修马路，安抚一方。

建设新都、广汉防区

族谱里有蒲伯英（殿俊）撰《陈君静珊小传》，文章开头便说："民国十五年，余在北京，乡人士自蜀中来，盛开言蜀中军人，锐意建设者，有二人焉，曰同里杨君子惠（杨森）及安岳陈君静珊。"最后评道："陈君博学多闻，洞明政治，论列时势，悉中肯綮，今犹盛

陈离在新都和广汉搞建设、修马路

广汉公园大公堂门前的自由女神像

年，事功未艾，余知其非局于新汉者焉。"

族谱记载，陈离开办了一所私立中学校（协进中学），设立幼儿园、静珊图书馆；开辟了新都桂湖公园、广汉公园；在老家安岳县重修祖屋；在成都桂王桥西街、三倒拐街、隆胜街等多处修了公馆；还出钱资助弟兄，送子女们出国留学。

陈离在新都、广汉驻防时，为了建设，曾下令打毁过许多庙宇的菩萨，把庙宇改为舂米厂、手工厂之类。最后，吓得宝光寺的随喜方丈不断地请求他，别毁了那里著名的"五百罗汉堂"，并向他大讲一通佛理。陈离随即下令保护宝光寺，并与随喜方丈成了好朋友。

在一些地方老顽固的眼里，陈离是新潮的，除旧布新的步伐未免走得太快了。他在防区实行的一系列经济改革，向大地主纳预征粮，其中包括国民初年四川第一任都督尹昌衡、法国教会的骆主教，他们在新都皆有大片良田。陈离坚决要求他们同新都的老百姓一样交纳，还要他们补足过去悬欠的预征数额。这些大人物都去找他的顶头上司邓锡侯为之缓颊，但得到的答复仍是"No"。骆主教最后不得已，缴纳粮款后，马上写了一封信给邓锡侯，表示从此绝交。

建自由女神像触怒蒋介石

在国民党右派的眼里，陈离是革命的、左倾的。他在新都、广汉防区的所作所为，主要是受了梁启超《饮冰室全集》、卢梭的《民约论》以及托尔斯泰的一些学说的影响。他非常羡慕美国资本主义的自由，个人的政治倾向也不由自主地走上改良主义的道路。当时，陈离在广汉公园大公堂门前，仿纽约的自由女神像塑建了一座能发光的自由之神像。神像高高地举起火炬，下面题上"自由之光、普照世界"八个大字。陈离还亲

民国初年陈离的安岳叔辈亲戚来成都小聚

自在下面撰写一篇激情四溢的《自由之神序言》，他在序言结尾像诗人般吟赞道："伟大的自由呵！你是一切被压迫人类的希望，你是全人类宝贵未来之象征，你是世界前途的指示，也就是中国被压迫民众黑夜中的向导！"并在文后署上"四川安岳陈离"。碰巧，国民党要员戴季陶是广汉人，抗战期间，戴季陶邀请蒋介石到广汉来游览。在广汉自由神像下，蒋介石一字不漏地细读了全文，勃然变色，大为恼怒，叫道："娘希匹！这全都是共党的腔调，应立即把它销毁！"陪同的县长大惊，马上叫人用石灰泥把碑文糊了起来。碑文泥封多年之后，直到 1949 年，才得以重见天日。

广汉起义对其影响

1930 年 10 月 25 日，陈离在成都家中忽然接到电话，得知他在广汉驻防的两个团起义了，他的亲侄儿也参加了，带走他的部队，改组成工农红军，还成立了广汉苏维埃政权。不久，红军从广汉出发，经什邡、绵竹向安县前进，结果在安县境内遭到二十九军田颂尧部优势兵力的围攻，招致失败。当时，组织指挥这次起义的徐昭骏、刘的均都投降了敌人，发出"反共通电"后，一个回了老家，一个当了特务。消息传到成都，成都的各大军阀大为震恐，纷纷主张对陈离撤职

家族的荣耀

查办。他马上找到老上级时任二十八军军长邓锡侯为之说情，最终仅仅被象征性地给予一个"撤职留任，载罪图功"的处分，并继续保留在新都、广汉的防区。

出川抗战

1937 年 7 月 7 日，日本帝国主义企图以武力吞并中国的野心达到了极点，悍然发动了"卢沟桥事变"，国共两党再次携手，共赴国难。川康军人中，以刘湘、邓锡侯为首的爱国将领纷纷请缨出川抗战。1937 年 8 月 3 日，国民党中央在南京召开最高国防会议，四川省主席刘湘在会上慷慨陈词：四川可以出兵三十万，提供壮丁五百万，供给粮食若干万石。刘的语气、态度十分激昂，获得全场赞许，全场抗战决心坚定、士气高昂。8 月 13 日，上海淞沪抗战开始后，国民党中央任命刘湘为第七战区司令长官。1937 年 9 月，遵照国民政府军事委员会命令，第二十二集团军（总司令邓锡侯）以四十一军（军长孙震）、四十五军（军长邓锡侯兼）、四十七军（后拨归第一战区）开赴河南郑州集结待命。

陈离时任二十二集团军第四十五军第一二七师师长，旋即率部从成都出发，沿川陕公路步行出川。当时川军武器简劣，十之八九为川造，十之一二为汉阳造。至于轻机枪，全师不过十余挺；全师除数门迫击炮外，山炮、野炮一门都没有。部队出发时，已是秋风萧瑟，而每个士兵仅有粗布单衣两件，绑腿一双，单被一条，小草席一张，草鞋两双，

《陈氏族谱》中记载，陈离出川抗战，全家人送行到新津机场

斗笠一顶而已。陈离当时在写给弟弟谷生的信中这样说道："谷生弟，日前飞渡秦岭，积雪盈尺，较川中气候早寒，可想见本师部队现尚单衣赤足，扬旅（三八一旅，旅长扬宗礼）刻在汉中道上（川陕公路），陶旅（三七九旅，旅长陶凯）已到宝鸡。明日乘车到西安，兄现住西京招待所……兄离，十月二十二日。"

二弟陈谷生将军像赞（谱名陈显煊，少将参谋长）

当这些赤足草履的川军翻越秦岭走到宝鸡时，满怀希望地认为在此改乘火车到达西安后，即能得到国民政府军事委员会承诺的武器装备补充。殊不知，当时在山西正面战场，国民党军队在晋北忻口与晋东娘子关正受到日军猛烈攻击，战况紧急。西安行营蒋铭三（鼎文）主任奉转军事委员会命令，要二十二集团军所属各部立即由宝鸡乘火车直开潼关渡河，隶入山西第二战区（阎锡山任司令长官）的战斗序列，驰援晋东。

抗战家书摘录

战争的间隙，陈离也不忘给远在成都的家里写信。笔者现将族谱中的几封抗战家书摘录片段如下，为读者还原当时的真实情况：

谷生弟：

西安有伤兵五千余人，无法搬运，由各校学生亲到车站搬运……潼关有伤兵六千无人照料，伙食医药均缺，甚为抱怨……师部渡过黄河，经同蒲铁路已到榆次县城，刚下车即遭敌机来袭，伤之二十余人，前线汉奸极多，常与敌机指示目标。师部在榆次县曾遭轰炸数

家族的荣耀

次，两次未中，最后一次，掷下三弹，距兄仅百米左右，幸勿羔……行营对本军武器调换，目前无办法，唯子弹粮秣可望源源接济……八路军在雁门关附近断敌后方交通，夺获坦克车、重炮及军用物品甚多，该军组织民众力量甚强，纪律亦好，深得人民帮助。

兄 离

十月二十八日

谷弟鉴：

自二号后邮电不通已旬余矣！在此抗战期间，太原恶劣消息传来，家庭自不免悬念，此实无法能通消息，兹将旬日战况详述如次：娘子关自二十五日即告失守，孙军（孙震第四十一军军长）王师（王铭章，第一二二师师长）税师（第一二四师代师长）增援均蒙极大损失，退守寿阳，敌乘势猛攻，全线不支，向两翼溃退，正太铁路本道无人扼守，太原危急万分。阎黄长官（阎锡山、黄绍雄）命本师部队扼守本道之卢家村上下潘家垴至北村之线，同时又下命令分三地区守太原城……五号晨，扬旅（三八一旅长扬宗礼）即与敌接触激战一日，因交通设备太差，终日未得到该旅战况报告，陶旅（三七九旅）先就新防，五日夜运动，预算六日拂晓前可到达新防（北营庄）。殊六日晨，两王团（王文拔、王徽熙）均被敌袭击，陆空连合猛攻中，两地区并无友军就防，该旅在敌四面包围中，独立支持战局，战至午正，两团均被敌击溃，王徽熙团迭次出攻猛冲敌阵，损失尤大，部队极少生还，连长十二人中，仅陈子仪一人（现负伤在太原城），蒋连长随师部行动，余皆阵亡。在此激战期间，军长（邓锡侯）途遇敌袭，李明远受伤，卫队亦多伤亡……此十余日又患咳嗽，两脚无力，幸赖退下士兵背我拉我（黄包车）抬我，始能安到临汾，现病已渐愈，唯咳嗽未大松，今日已往医院诊视，据云尚无大碍，余后详。此颂，时安！

静 珊

十一月十三日夜

当时《大公报》记者范长江采访了包括陈离在内的几位川军将领后写道："川军本来谁也没有想到会到山西作战，所以对于山西地理形势的研究、友军的联络、敌情的考察等，都事先未及准备……对于外面情形，不太明白，中央军服装与敌人服装分别不清，故某次遇敌人骑探，见骑大马，服黄呢外套，足穿大皮靴，佩长刀，疑为友军长官，不见射击，殆其已近，哨兵被敌所杀，始知为敌骑。若干受伤士兵，见敌人坦克车冲过，误为我军汽车，频呼其停车，自报军队番号，要求搭车到后方。这一串辛酸幽默的故事，说明半殖民地的中国，

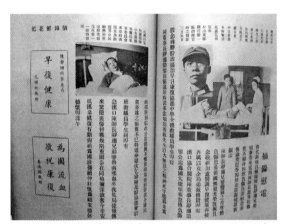

《陈氏族谱》中记载，陈离负伤后被转送到汉口医院治疗

在民族解放战争中，发动了各方面的力量，这些力量往往不适合于近代战争的条件，然而在神圣的民族解放战争中，任何部分都自愿贡献其全力。不管结果如何，参加抗战者的本身是忠诚、庄重、严肃的。"

滕县保卫战

1938 年 1 月，由于山东韩复榘不战而退，致使津浦线北段无兵防守。此时，陈离所在的二十二集团军的两个军划归第五战区李宗仁指挥。"川军在外作战，好像没有娘的孩子，被人东支西舞，弄得东一块西一块。"邓锡侯曾说："川军出了川才感到大家格外亲热，死，我们都愿意死在一起……"此时，陈离升任第四十五军副军长，兼一二七师师长。邓锡侯奉命回川继任刚病故的川康绥靖公署刘湘的主任

职务。由于孙震（德操）升任第二十二集团军总司令，陈离率一二七师和一二五师及四十四军的一个旅担任前敌总指挥，负责防守滕县外围任务。王铭章师长（四十一军的一二二师）任守卫滕县的总指导。西北军张自忠集团军负责临沂方面防守任务。三个师部和一个旅部均设在滕县县城内，陈、王、张三位将军每天都要在县城里会商当前军情。

进犯滕县之敌为日军第十师团（师团长矶谷廉介指挥）的全部和第一〇六师团的一个旅团（板垣师团），配备有大炮七十多门（其中十五榴弹重炮十二门），战车四、五十辆，飞机四十多架、装甲火车两列，共约三、四万人。而国军守滕县的战斗部队只有三个师部和一个旅部的四个特务连（警卫连）、十个步兵连，一个迫击炮连，还有临时来县城运送弹药的一个步兵连，共约二千五百人，此外，滕县县长周同所属的武装警察和保安团约五六百人，合计起来城中共有武装力量三千人，但真正的战斗部队，尚不满两千人。武器方面，主要武器为川造步枪、大刀、手榴弹和数量很少的川造轻、重机枪、迫击炮。重兵器如山炮、野炮、重炮，特种兵器如高射机关枪、战车穿甲炮则完全没有；通信、补给、卫生等各种装备亦均阙如。

据族谱记载，1938 年 3 月 14 日拂晓，敌步、骑兵约万余人，配以大炮、坦克、飞机向我一二五、一二七师第一线阵地展开全线攻击，此为滕县外围，属陈离指挥的第一线。他沉着指挥，凭借既设阵地，奋勇迎敌，激战竟日，我界河东西一线的正面主阵地屹然未动。

15 日，敌人除主力继续猛攻界河主阵地外，另以三千余向我第一线阵地的左右方龙山、濮阳山迂回包围。此地也属陈师长指挥，我军奋勇据守，敌猛攻整日，亦未得逞。下午 5 时许，敌人企图撤开我正面阵地而直攻我战略要点的滕县县城，迫使我正面阵地不战自弃。

守城的三千勇士，彻夜构筑工事，彻夜搬运弹药粮秣。这天夜里，从临城运来一列火车的粮弹，其中多为手榴弹。真得感谢这些手榴弹，后来被证明它是守城战中最得力的武器，每个士兵都分配到一箱，每箱中有五十颗。

16日黎明，约有万余日军继续向我龙山、濮阳山阵地猛攻。上午7时50分，滕县东关外附近各村庄先后响起枪声，敌人已开始向我守备东关的部队进攻。8时许，敌炮兵约一个营（山炮十二门）以排子炮的密集火力向我东门、城内和关西火车站猛轰；同时，十二架敌机飞临县城上空，疯狂轰炸、扫射。此刻炮弹、炸弹如狂风骤雨般从天而降，城内居民顿时慌乱起来，男女老幼纷纷出城向西逃难而去。半小时后，街上几乎看不到一个居民百姓，除了守兵而外，此地简直成了一座空城。看过电影《血战台儿庄》的观众可能还能记起那惊心动魄的一幕：师长王铭章得到孙震的令命——死守待援——而援军杳无音讯！王师长、陈师长及旅长们商量，如守城不行，打算在城外机动作战。电话又打到临城孙震总司令那里，得到的回答仍是：死守滕县，固守待援！

此时，王铭章才下最后决心，他命令道："张团长（张宣武）你立即传谕昭告城内全体官兵，我们决定死守滕城，把南北城门堵死，没有本师长手命，任何人不准出城，违者就地正法！"此时，第四十五军第一二七师师长陈离的部队在龙山、濮阳山作战，而计划中也没有调他的部队进城固守。因此，陈师长向孙震请示后，同意让其指挥部出城去指挥他的部队作战。陈离带上他的特务连（警卫连）和一个步兵连，准备到南沙河去指挥右翼部队。族谱记载："行至距南沙河一里的地方，突遇日军骑兵和坦克，并被包围在一块开阔地带，坦克大炮不断射来，此地又毫无隐蔽之处，顿时，两连官兵伤亡过半。突然，一颗机枪子弹打中了我的右大腿，子弹又从右臀部出来，后经检查，虽未打断骨头，但打中了腿部主要神经。此刻距离日军只有一百五十米左右，带着伤，仍在麦田里跑，身边仅有吴兆祥、罗坤二人扶走，因此血流过多。"族谱中对其受伤后也有较详细的记录："我军在山东纪律极好，深得人民同情，故由土人（当地人）引路，绕道至利国驿，觅车到徐州，此即受伤经过之大概情形也。至十八日滕县城

家族的荣耀

破，之中（王铭章的字）率兵数百人几次冲锋，欲将城内之敌扫清，殊之中阵亡。"

16 至 17 日两天，滕县城关落下的炮弹共达三万余发，第四十一军守城部队，自一二二师师长王铭章以下死伤五千余人。在滕县以北界河、龙山一带作战的第四十五军，自一二七师师长陈离以下，伤亡亦有四五千人。这一战役自 3 月 14 日早晨开始，到 18 日过午止，前后共四天半。

陈离负伤后，被转送到汉口协和医院治疗。治疗期间，国民党各要员包括蒋介石、李宗仁、孔祥熙、李济深等均打来慰电或到协和医院看望。八路军领导朱德、彭德怀打来慰问电，中共在汉口的领导人周恩来、董必武、彭雪枫、曹荻秋等，或派员，或亲自来医院慰问，其中有不少慰电摘录刊入族谱中。

与八路军交往

太原保卫战失败后，陈离率部开到八路军总部所在地——山西洪洞县。在此之前，陈还在西安时就与八路军驻太原办事处主任彭雪枫进行过多次会晤，讨论了今后在抗日战争中的配合问题。当部队进驻洪洞县时，一位不速之客登门拜访了陈师长，他就是时任八路军总司令员的朱德将军。这使陈离受宠若惊，倍感荣幸。后来朱总还赠送陈师长一匹高大的东洋战马——那是八路军在平型关大捷中夺得的战利品。第二天一早，陈离又到八路军总部吃早饭，与他同桌共进早餐的有周恩来、彭德怀、任弼时诸首长。此后他又多次前往八路军总部，聆听各位首长的教诲，使他懂得了更多的抗日军事韬略，明确了今后努力的方向。邓锡侯还邀请朱德总司令为二十二集团军团以上官佐讲解游击战术。

1938 年 7 月，陈离伤愈重返抗日前线，率军驻守随县、枣阳、大洪山一带。他的防区又与李先念领导的新四军第五师接壤。李先念曾到陈离师部住了六天，和陈离共商抗日工作。新四军第五师在抗战中感到最困难的有两件事：一是没有电台，与党中央和各友军通信不便；二是没有军用地图，不利于布防和指挥战斗。但这两样东西都是蒋介石军队里控制最严的，一旦违反，是要杀头的。李先念部急需，仍不得不向陈离提出要求。陈离一咬牙，给！选了一部15瓦特的电台和相关军用地图，交由随县地委书记顾大椿秘密送去。

走向革命阵营

1942年，由于叛徒出卖，说陈离思想进步，多年与共产党联系，被蒋介石下令撤去他四十五军副军长兼一二七师师长一职，送他到重庆"中央训练团受训"。9月，陈离又被邓锡侯委任为四川防空副司令。1944年，原成都市市长余中英被撤职，调任四川防空司令，陈离调任成都市市长一职。1946年成都《华西晚报》报道了昆明群众为悼念闻一多、李公朴被害案举行盛大游行一事。四川省主席张群约陈到他家中商量查封该报，理由是"造谣惑众，扰乱治安"。陈离问张报导是否属实，张说："事虽实在，但它把日期登错了一天，我们就应抓住这一错误，说那天昆明市面安静无事，是它造谣。"陈反驳说："既属事实，只错了一天日期，嘱它改正就是了，不便查封。"此后，张群就借口陈离办兵役不力而撤了他成都市市长之职。

1949年，陈离由于长期与共产党地下组织有联系，被邓锡侯派作私人代表，与刘文辉、潘文华的代表一起，积极做军队的策反工作。1949年12月，川康将领的起义部队总部设在彭县龙兴寺内。曾参与起义的民盟秘书长赵一明回忆道："当时在彭县龙兴寺内的临时招待处住的国民党四川军政人员很多，在我们记忆中有牛范九、邱翥双、陈离、李铁夫……"12月9日，西康省主席刘文辉、西南军政副长官邓锡侯、潘文华通电起义。前一通电由刘、邓、潘三人署名。后一通电由黄隐领衔，包括刘、邓、潘三部高级将领：伍培英、潘清洲、陈

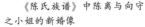

《陈氏族谱》中陈离与向守之小姐的新婚像

20世纪90年代，向守之老年时在上海

离、马毓智、万里、谢无圻、扬晒轩、刘元瑄、严啸虎等。通电说："兹为适应人民要求，决自即日起率领所属，宣布与蒋、李、阎、白反动集团断绝关系，竭诚服从中央人民政府毛主席、朱总司令与中国人民解放军第二野战军刘司令员、邓政治委员之领导。"

1950年3月，陈离到了重庆，8月被委任为西南军政委员会委员兼西南水利部副部长（邓锡侯任部长）。1951年陈加入民革。1954年至1964年连续三届被选为全国人大代表。1958年冬，陈被选为湖北省副省长。1959年9月又被任命为国务院林业部副部长。

1977年5月3日，陈离在北京病逝，享年八十五岁。5月20日，中央各有关部门联合为陈离举行了隆重的追悼大会。时任党和国家领导人李先念、邓颖超、王震、李井泉等送了花圈或参加追悼会。悼词中这样评价说：陈离先生"在民主革命时期长期与我党我军保持联系，在经济上、物资上支援过我军，做了不少有益人民的工作。解放前夕为争取四川国民党军队的起义作出了贡献……"

一个了解陈离一生的人曾说："陈离是共产党的挚友，可以说是一个党外的布尔什维克。"

【蜀都家谱】

家族的传说

《颖川陈氏族谱》：或藏尹都督身世之谜

　　这本清末民初的《颖川陈氏族谱》（也有作"颖川"）手稿，细读非常有趣，因为手稿中记录了不少这个家族的秘密，家长里短、情仇恩怨，秉笔直书，足以引起现代人的"窥视癖"。撰书人为陈氏裔孙清末官员陈秉中（如清），修谱时间起于大清光绪三十二年（1906），至民国8年（1919）止。

　　族谱序署修谱人名为"由典吏考授巡政厅，前四川教案咨保蓝翎同知衔试用知县任督练军需前任筹饷报销局随带军功"裔孙陈秉中与其胞弟"钦点翰林院署宣化知县"陈某某撰（由于虫伤字不能辨）。这里的"巡政厅"相当于今天警察局、武警总队，主要负责训练甲兵和巡逻州邑,逮捕盗匪,维持治安。"蓝翎"，清官员冠饰，六品以下官员戴鹖鸟尾羽，称为蓝翎，无眼，俗谓"老鸹翎"。"试用知县"相当于正七品。清末四川设有筹饷报销局、厘金总局、津捐局、展办赈捐局、经征总局等机构。"筹饷报销局"乃专司考核各营功过赏罚、筹备粮饷、军械医药等事略。

　　据《颖川陈氏族谱》手稿本记载：颖川陈氏乃陈旭的后裔，陈旭是这一支陈姓的先祖。古代传说，远古伏羲之后一世裔孙名叫殷公，出生在宛邱，今河南省陈州府。话说伏羲的诸侯王少典君娶安登为妻，生一子一女，儿子叫石年，生长在姜水边，就以姜为姓，以火为

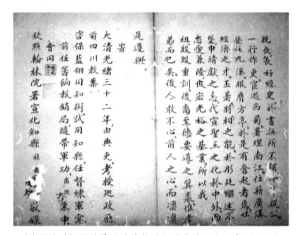

《陈氏族谱》初稿最后的落款时间为光绪三十二年（1906）

德，治天下，号"炎帝神农氏"。少典君的女儿叫尹氏。少典君把女儿嫁给殷公，殷公娶了尹氏夫人，感应天地而怀孕。十六个月生一子，生出来就很特别：婴儿一只手抱住自己的耳朵，一手指向东方，而且生下来九日都没有释手。殷公就对尹夫人说：这个娃娃就以"耳、东"赐姓，叫"陈"，"九日"为名，就叫"旭"，姓名合起来就叫陈旭。这就是陈姓得姓之始的记载。由于陈旭是炎帝的侄儿，炎帝的后代有赐姓许的、姓董的、姓薛的，故发源于颖川的陈、许、董、薛四姓，由于血缘很近，古代是不能通婚的。

《颖川陈氏族谱》手稿本记载，这一支陈氏，入蜀始祖叫陈国玄，名登仕。"国玄公，字常佩，生康熙四十七年戊子闰三月初三日子时，原籍江西省赣州府信丰县峨溪巷新田人。"陈国玄四岁失父，五岁丧母，幼儿性敏，好读书。十五岁师从邹南夫子门下受业，壮年当官宦蜀，来到四川"奉扎署理四川南江县吏目"。年满卸任，就落籍四川广汉县城西外牟村四甲，从此陈姓家人就在四川繁衍起来了。

这支陈姓家人在四川传了十多代，到了清同治年间，族谱的作者陈秉中出生了。据《颖川陈氏族谱》手稿本中记载：陈秉中，字如清，出生清同治四年（1865）。年少时他投笔从戎，先在鲍爵帅幕下，以军功咨保巡检。"巡检"，从九品官，主要负责训练甲兵和巡逻州邑,逮捕盗匪,维持治安。"鲍爵帅"就是湘军猛将鲍超，字春霆，四川奉节人。后回籍丁父忧（父母死后，旧有回家守孝三年之制）。光绪二十八年（1902），陈秉中又因川督岑春宣"咨保以巡检，由军功奖蓝翎试用知县"。［按：岑春煊，清代曾三度任四川总督一职，两任两广总督。后任邮传部尚书，四川高等学堂（今川大）即其所办］光绪二十九年（1903）陈复以"奉钦命头品顶戴、护理四川总督部堂、布政使管理粮饷兼管巡抚陈，案准督兵科书，以蓝翎试用知县，咨保同知衔"，获封授"处级"官职。总的来看，陈秉中官品不高，六品七品而已。

族谱手稿本中，作者还以较多的篇幅谈到自己的七房太太，以及自己所生二十三个子女的情况。我想他还是很得意的，所以用心地加注了许多笔墨。陈秉中在谱中记录自己前后共娶有七位夫人：庄宜人（五品官员配偶封赠"宜人"），生子女八人；王宜人生一子；白宜人无出；夏宜人生一子；尹宜人生一女；童宜人生子女八人；谢宜人生子女四人。共计二十三人。

其中对尹宜人记录最为详细，差不多用了一千五百字，蝇头小楷，书法工整，文字间充满了爱恨情仇：尹宜人，生清光绪十二年丙戌十二月十一日辰时，系彭邑东二区统兴寺人。父亲尹仕超与母亲周氏第三个女儿。她是尹昌衡、尹昌烈的同胞妹妹，尹昌熊，尹昌勋的同胞姐姐。其胞兄尹昌衡生于光绪十年，甲申属猴，比这个妹妹大两岁。

结婚几年来，陈秉中与尹家一直有田产和银钱的纠纷，故夫妻关系一直不好。后因家事不和，婚姻不幸，陈尹两家人打起官司。尹宜人长期住在娘家，一直拖到宣统三年四月都不归。加之尹昌衡与革命党人参与推翻清王朝、诛杀总督赵尔丰，更使陈秉中大为不满。陈秉中虽然官品不高，但也讲知恩图报。清王朝对他确实有恩，赵尔丰便曾提拔过他。尹昌衡指挥所部擒获赵尔丰，并在皇城内召开公审大会，将其斩首示众。所以他对大舅子尹昌衡"弑主篡权"极为愤慨，这种情绪在族谱中表现无遗。

《颖川陈氏族谱》手稿本中记录了四川在辛亥革命中的经过，因

稿本《颖川陈氏族谱》中关于四川辛亥革命的详细记录，约一万字，是重要史料

为亲历者所记，故较为翔实可信。

辛亥秋八月，全省罢市，九月初七日省议院中讲演，参议蒲殿俊、罗伦等谋篡帅印。独立未久，他日妻兄尹昌衡等，十月十八亦谋篡皇城，又独立。十一月初三，尹昌衡谋逆弑钦命头品顶戴四川总督，赵公尔丰成仁，忠义殉艰，为国捐躯。时书吏陈秉中（陈自称）申明大义，弃妻，不受尹逆伪职，亦不受尹逆贿银千两，贿田百亩，置之杜（度）外，不从尹逆弑主帅。中（陈自称）告于政府，请问尹逆乱臣贼子，人人得诛之!"关于尹昌衡诛杀赵尔丰的细节，周锡光（四川巴蜀书社原副主编，笔者的忘年交）先生的祖父当时就在现场，周先生小时候，他祖父至少给他讲过四次，每次都绘声绘色，如讲评书。周锡光的祖父与尹昌衡等清末皆留学日本，前者先学农业后转法政。据周的祖父讲：那天，尹昌衡的手下抓住了赵尔丰。许多年轻军官骑着马，押着赵尔丰游街。走到走马街与卧龙桥间，闹市路狭窄处，从路边茶楼跳出一刺客，连开数枪，欲劫法场。军官们忙掏枪回击，将刺客击毙。一阵骚动后，游街队伍继续前进，到了督院街，那里早已是人山人海。大家都要看热闹，几十天前，这里也聚了这么多人。他们捧着光绪皇帝的灵位牌子来总督府请愿。而这位现在被大家押着的四川总督赵尔丰，居然下令向手无寸铁的民众开枪，当场打死打伤百多人。现在情况180°反转过来，人们高喊"杀"。尹昌衡从院里走出来，站到赵尔丰面前。赵尔丰当时身着官

服，手与足都没有绑，一见尹便睁目怒吼道："尹娃子，爷们儿对你不薄啊！你今天这样对我！"（另一版本为赵骂道："尹长子，你娃娃装老子的筒子！"意思是"你欺骗我。"）尹昌衡冷笑一声，高声问

此照片为清末法国人所摄，系尹昌衡大都督与成都妇女界合影，尹衡戎装立中，高大异于常人

大众："赵尔丰该不该杀?"所有看热闹的高声答道："杀！""该杀！"尹手执钢刀朝赵尔丰砍去。（有版本说系刽子手砍的，而非尹亲手砍）

辛亥四川较场兵变，大舅子尹昌衡当上四川大都督后，陈秉中不仅拒绝接受尹大都督的封官，也拒绝其赠送的白银千两、良田百亩。可以说，简直不给新上台的大舅子一点情面。不仅如此，他还破口大骂尹昌衡是"乱臣贼子""人人得而诛之"。

陈秉中在《颖川陈氏族谱》手稿本中为大舅子尹都督开列了十大罪状：① "篡弑主帅"；② "独立四川军政"；③ "废当今皇帝万岁主位"；④ "毁大成至圣先师孔子文宣（素）王位"；⑤ "失礼乱伦，易妻为妾，纳宠为妻"；⑥教唆 "胞妹更夫"；⑦ "逆伦逼毙大胞伯父"；⑧ "纵姑逆毙前夫父翁"；⑨ "兴纸银钱，书套财产，假公济私，掠空国库。一坏三纲，一乱五伦常"；⑩ "贿夷乱华，风潮竞起"；⑪ "推失大清，天下大乱"。

为什么说尹昌衡 "失礼乱伦，易妻为妾，纳宠为妻"？ 原来尹昌衡与四川大儒颜楷的妹妹颜机订了婚约，尹昌衡却先娶了翠香做姨太太。这还不算，又经常和翠香的贴身丫环厮混在一起。尹先娶妾后娶妻的事，传到颜楷耳里，颜也只得睁只眼闭只眼罢了。所以在陈秉中的眼中，尹昌衡就是一个 "花帅"。

家族的传说

到民国 8 年（1919）《颖川陈氏族谱》最终完成，先后用了十三年时间

陈秉中甚至还追揭尹昌衡的老底，并写入《颖川陈氏族谱》稿本中："尹昌衡本是刘姓之子，（名）兰生。姑母尹刘氏归宁，亲生乳子毙，暗抚刘兰生，随姑母曰'尹兰生'，为尹刘氏子。尹昌仪从武备学堂毕业，授予升陆军步兵科举人，蒙钦命头品顶戴四川总督赵（尔巽）奖五品蓝翎咨保北上。钦命东瀛毕业，旋京未进京师仕学军官学堂……"据以上文字的陈述，原来尹昌衡不姓尹，而姓刘。因为他的父亲姓刘，他父亲的姐姐或妹妹嫁入尹姓人家，故称"尹刘氏"。尹刘氏与丈夫尹先生亲生的儿子夭亡了，于是姑妈暗中将侄儿刘兰生接过尹家来抚养，还给他改了姓，叫他"尹兰生"。读书后改为"尹昌仪"。后因避宣统帝讳，又改为"尹昌衡"。尹昌衡到底姓不姓尹？是否真的姓刘？现有的资料未见此说，倒是有些别的说法，比如有史料说："尹昌衡，原名尹昌仪，字凤来。彭县人，祖籍湖南，是'湖广填四川'的后裔，他出生于彭县乡下的一个耕读世家，少时家贫。"

2007 年 5 月 23 日，法国驻成都总领事杜满希先生带来一批法国外交部藏清末民初成都老照片，请流沙河先生辨看，笔者有幸在旁，看见老照片中不少摄有尹昌衡。

又有史料说，尹昌衡原名昌仪，字硕权，号太昭，别号止园。清光绪九年（1884）出生于彭县升平乡。其父靠收少许地租和教书维持一家人的生活，故年幼的尹昌衡尚能读四书五经，加之聪慧刻苦，学业有成。不幸好景不长，由于灾荒欠债，其父把田地抵押，年少的他只得随父背井离乡。1897 年冬，他父亲在成都东门外水津街北头开了个米店。

也有史料说，尹昌衡少年时因其身材高大，竟有一米八六，当地人又亲热地呼之"尹长子"。他为何身高异常？也就是说尹家没有他那么高的亲人，从遗传的角度看，还真是一个问题。不过《颖川陈氏族谱》手稿本中的记录，或许能为一探尹都督身世之谜提供不无参考价值的信息。

《颖川陈氏族谱》修撰者陈秉中先生，在大清帝国灭亡后便丢了饭碗。幸好他还有点文化，遂在成都当了一个穷教师。穷则穷矣，此公尚自称"共和国教授"。

《史氏联宗碑序》：祖先仓颉发明文字

民国 34 年（1945）仲冬的长至节那天，成都史姓家族的几位长辈聚在一起，商讨要为史氏祠堂联宗之事立一块石碑，上面的序文由史懋昭和史道喜两位前辈来撰写，家族史料的收集由史道邻、史芳泰、史昭森等人负责完成。

碑文讲述了史氏得姓之始，始祖为造字鼻祖仓颉；简述家族数千年的发展繁衍历史，在全国分布情况以及迁徙的过程，也简述了这一支史氏从湖北麻城迁蜀的历史。《史氏联宗碑序》云："传载仓颉为黄帝史官，后世子孙，因以为姓焉。大抵居于京兆者，皆是也。"（按：仓颉为黄帝的史官，人称"史皇氏"）其后有一支以官为氏，称史氏。《说文解字》记载，仓颉见鸟兽的足迹受启发，分类别异，加以搜集、整理和使用，根据事物形状创造了象形文字，被尊为"造字圣人"。其他古籍称仓颉"龙颜四目，生有睿德"。据说他创造文字完成之时，"天雨粟，鬼夜哭，龙潜藏"。故仓颉造字堪称惊天地、泣

笔者所藏民国石印本《史氏联宗碑序》

·170·

鬼神的壮举 。仓颉之后，衍生了仓氏、史氏、侯氏、侯冈氏、夷门氏、仓颉氏。

《史氏联宗碑序》还记载云："迄至西周，史雍公，辅弼成王。传世三十，至西汉，史丹公，元帝时，葤驸马都尉侍中，伏蒲谏立太子有功，封关内侯。有子二十人，九为侍中，四封侯。余皆至大夫二千石。孙曾遂繁衍于吴、楚、闽、浙。"（按：史氏传至第三十代到了西汉的史丹，非常有名。史丹，字君仲，他是车骑将军史高之子）

史丹初任中庶子，汉元帝即位后，其担任驸马都尉侍中。汉成帝即位后，史丹升任长乐卫尉、右将军、给事中、左将军、光禄大夫，赐爵关内侯、封武阳侯。

史丹是汉元帝、汉成帝两朝重臣，曾力保汉成帝的太子之位。史丹有妻妾数十人，子女二十人，其中九子官任侍中、诸曹，侍奉在汉成帝左右。史氏总计四人封侯，做官到卿大夫二千石的有十多人。

《史氏联宗碑序》记载："南宋嵩之公，即其嫡裔也。嵩公，也居浙江县，宁宗时，举进士，理宗即位，迁刑部侍郎，累官右丞相，封永国公。卒，谥忠简，改谥庄肃。后裔分处武陵，豫章间。"［按：史嵩之（1189—1257），字子由，一作子申，鄞县（今浙江宁波）人。南宋大臣，尚书右仆射史浩之孙、右丞相史弥远之侄。嘉定十三年（1220），进士及第，调光化军司户参军。后任襄阳户曹，历任襄阳通判、京湖制置使、参知政事等要职。嘉熙四年（1240），入朝拜右丞相兼枢密使，都督两淮、四川京湖军马。淳祐四年（1244），遭父丧，夺情起复，因主和议，为公论所不容，闲居十三年］

宝祐五年（1257），史嵩之去世，年六十九。获赠少师、安德军节度使，追封鲁国公，谥号"庄肃"。德佑初年夺谥。著有《野乐编》，已佚。《全宋诗》录其诗。

后世对史嵩之褒贬不一，后人认为他颇有才能、功勋显赫，但同时又追求权力、专横独断。史嵩之年少时风流倜傥，曾在东钱湖梨花山读书，他所接受的是陆学与吕学中的事功学。史嵩之行事果断，似乎更喜欢事功学，而不喜欢甚至厌恶朱学人士的迂缓这一套。一次，他与内弟陈埙讲学在山寺，山寺的僧人讨厌他，史嵩之很恼怒，当夜就焚烧其庐而去。

史嵩之虽与陈埙一起成长，但他的志向和处世方式与陈埙不相同，他注重功利，希望能建功立业，为了达到目标，他可以使尽手段，这也是他遭人唾弃的一个重要原因。

2012年3月，浙江宁波文保部门在宁波余姚五联村的史门山上发现一座大墓，经确认，墓主人为南宋丞相史嵩之。史家在宋朝时显赫一时，史浩、史弥远、史嵩之曾先后担任丞相，史称"一门三相"。这次史嵩之墓出土的墓志铭纠正了人们的一个错误认识。过去史志上认为史嵩之是史浩之孙，而出土地墓志铭显示，史嵩之为史诏四世孙。史嵩之的祖父为史渐，是史浩的堂表兄弟。史嵩之的父亲为资政殿大学士史弥忠，史弥忠与史弥远是堂表亲的关系。

《史氏联宗碑序》有如下记载：

　　传二十八世，至经重公、经礼公、经义公，因遭燹兵，礼公入，义公入秦，入于秦者，已无考矣。间尝闻，重公先是由豫章入武陵，后迁湖北麻城，子孙遂籍于此，至继芳、继良、世选、进选、宗階五公，先后入蜀。居蓉城纱帽街，及金堂各地。时清顺治初年也。

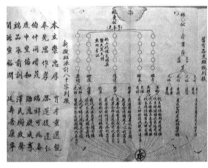 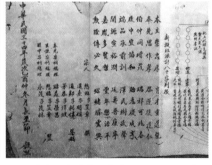

《史氏联宗碑序》中关于径重公一支后人的记载　　　　《史氏联宗碑序》中关于《新拟班派计八十字》的记载

兵燹失谱，复考白市宗谱，有经公者，亦嵩之公，二十八代裔也。经公传永浒，而继宗，而文隆，文隆公者，豫章丰城人也，成代二年，任荆州宜都教谕，至成代十二年，宦游宝庆，邵阳县，遂家焉。传四叶，至臣大，臣谏公等，始入蜀，时清康熙三十六年也。各公之子孙，散处于蓉城及金堂属区者，为最多。思祀宗聚族之无地也，以清光绪二十五年乙，建奉先公祠于金堂北街，建联甲公祠于清江镇火焚山，民国25年（丙子）建臣谏公祠于白菓乡，私立史氏学校在焉。各祠置祭田有差，于是吾族之规模备矣。惟吾族班派，未经划一乃至一祠之内，竟有数派，殊可慨耳！加之孙枝既茂，祖德弥高，班派将近完毕，谱牒亦待重修！懋昭等夙夜焦思，乃于民国33年（癸未）冬，假奉先宗祠聚族会裔，先为登报集各支班派，依次列齐，除已用之字规避外，新拟班派八十字，以归划一，长幼尊，得有伦叙，并于各祠刊石碑为记，以示子孙，永远遵守，勿自淆焉，是为序。

中华民国34年岁次乙酉仲冬长至节谷旦

新拟班派计八十字列后：

本立崇忠厚，育才重选能。奉先思作孝，启运复逢仁。伯仲同增茂，瑞祥可兆春。履中宜协和，贻惠庆咸亨。端品承前训，泽民树政声。开源宣裕润，延寿晋康宁。嘉多贤哲，丰年乐治平。勋隆传必久，绍绪胜云兴。

康熙《石氏族谱》：三百年未竟的书稿

　　康熙年间，有一位石姓后裔叫石有新的，不辞劳苦，续修族谱，讲述石家的来龙去脉。他用蝇头小楷恭恭敬敬录写的文稿上，有反复修改的痕迹。他死后，儿子、孙子、曾孙、玄孙又一代一代写下去，从康熙三年始，经乾隆、嘉庆、道光、咸丰、同治、光绪，一直记录到民国年间还没有完。但不知何故，书稿却流散出来。令人感慨的是，不知什么机缘因果，这册珍贵的族谱居然躲过了三百多年的兵燹战火、天灾人祸（包括"破四旧"运动），最终得以归藏笔者的汉籍文献库，这不能不说是个奇迹。

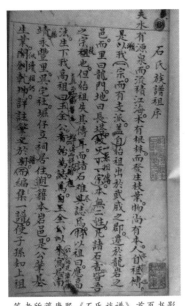

笔者所藏康熙《石氏族谱》首页书影

　　某日，笔者偶然翻开这一册布满虫眼、纸张发黄的古籍，许许多多古人的名字跃然纸上。它们无声地讲述着属于这个家族的故事：这支石氏族人，从明末清初到民国，繁衍了十多代，谱上记录最早有明确纪年的是"国楹公"石献，字汝汉，生于明末崇祯戊寅年四月十一日，即崇祯十一年（1638）。记录最晚有明确纪年的是石中惠的二女儿叫石构英，生于道光廿五年丙午（1845），卒于民国12年（1923）。

　　从谱里记载的数百人看，族中没有出过什么名人、要人，甚至连应科举考取举人、秀才的都没有一个。其中最有文化的可能要属一位阴阳先生，我想他的道行也不会深，因为谱中他撰有一篇关于石氏祖墓吉凶的高论，什么"藏风纳气"，什么"山穴水脉"，可谓头头是道，惜乎鲜见后人有应验发达者。

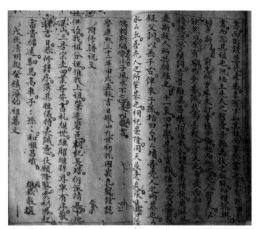

康熙三十二年秋石氏后裔石国崧所撰族谱序言

据《石氏族谱》记载，这支石氏祖籍为福建省漳州府南靖县永丰里吴宅社。福建南靖县以土楼闻名于世，这里过去本来就是客家人聚居之地。客家人长期迁徙、流浪，好不容易找到一处宜居地，也一定是战战兢兢、小心谨慎。筑高墙以御盗贼，一大家族聚居一处，以提高生存能力。后来，家族繁衍，添丁增口，又扩建土楼，故一圈一圈，越围越大，形成今天的土楼奇观。

笔者统计了一下，此册《石氏族谱》写于康熙年的序文、祝文、墓志共计十九篇；写于道光年间谱序一篇。参与写作、续写的人很多，从八世孙石有新、有唯、有玉，到九世孙石国崧、国象、国玉，十世孙石士瑚、士璞、士伦，十一世孙石文炳，十五世孙石惠吉，等等。

谱中，九世孙石国崧这样讲道（以下白话为笔者据原文所译）：

我们石家古代还是出了不少名人。汉高祖时，有个将军叫石奋，忠信威仪，后封"万石公"。明朝我祖"鲁千公"，跟从太祖朱元璋夺取天下，定鼎神州。鉴于此功劳，洪武年间，明太祖朱元璋把福建漳州一带土地分封给他，从此闽中有了石姓。后来"鲁千公"生了三个儿子，长房荫袭爵位，住在祖居老宅；老二迁往岩邑；老三迁往潮

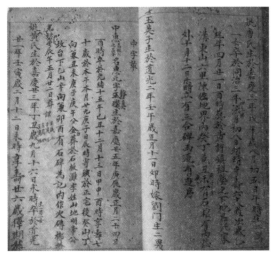

清稿本《石氏族谱》书影

州。如果你问我们石姓的祖坟埋在哪里，记住一个口诀："掌山峰、风动石、灯心洋。"如果你问我的祖居何在，则是"镇海卫、岩所内、龙门里"。这是我在旧谱中看到的前人之言，本人述之而已。落款是"时康熙十七年戊午之秋序成于田中新楼书舍国崧顿首志"。康熙十七年，即公元 1678 年。"田中新楼书舍"，不知具体在何处，笔者猜想，既然叫书舍，估计也是有些藏书，属于耕读传家，或系设馆教私塾处。

《石氏族谱》还有九世孙石国玉字子美者记录说（以下白话为笔者据原文所译）：

石氏的始祖玉全公，肇基于福建南靖永丰吴宅社，到他这一辈，已经是第九代了，而石氏支脉繁衍，久缺修族，后人都感到非常不妥。康熙甲戌冬（1694），族人宰猪布席，陈议编辑族谱事。我看到叔伯们写的家谱旧文，很有感慨。族人请我来作一篇序文，我想我能写些什么呢？要写的、该记的，你们都写了，那我就来赞美一下家乡风水吧："吾祖之卜宅于吴也，殆睹东南巽峰葱翠，叠锦幢于三台；西北乾峰巍峨，逞坐镇之一柱；异日人文蔚起，甲第蝉联，必有兆于斯焉。"（意译：我们先祖的老屋在吴宅村，从那里向东南巽这个方向看去，有山峰郁郁葱葱，就像重重叠叠的锦绣帷幔挂在石氏祠堂上，西北乾向的山峰，看上去那么高大巍峨，就像一根顶天立柱。今后文星飞来，石家人才辈出，科第蝉联，兄弟同榜，必然就是这好风水带来的好兆头啊！）

康熙三十三年（1694）甲戌孟秋，石国崧又作序一篇，他充满感情地说（以下为笔者译）：

从大明洪武初，我始祖石胥，字漳岩，迁到吴地已经有九世了。祖先们披星戴月、栉风沐雨、艰苦创业的故事多得难以细述。今年（甲戌）我回到老家，请了许多石姓前辈座谈，问询先祖以往事迹。前辈们拿出石氏老谱作参考，把石氏这支所有的情况汇集起来，搞清楚了各房的关系，分清了嫡庶。什么是孝悌？就是不忘祖宗。世界上没有忘了祖宗而自称是读书人的。况且，把祖先的骸骨保护好，也是为了这个家族千秋万代的血脉，也是族人所依所赖的龙脉。如果先人地下有灵，他们一定会欣然对我们后人说："我的好儿孙呀！我所创的基业不会毁弃了啊！"就我个人来说，十一岁时，父母双亡，四十岁才娶了老婆。我想将这一生的经验与实践告诉后人，在穷困潦倒之时，我就敬录抄写父亲留下的家训，幻想能垂千古，等待将来儿孙们细读。

我带着子孙来到幺山，对他们说："这是我们石氏祖先之墓啊，这里是石氏祖先所肇之基啊，让我们隆重祭祀吧。"愿石氏家族与天并老。

石氏族谱最后一篇序文，为道光三十年（1850）正月十五世孙石惠吉所写。他这样说：

我祖系出武威，生于龙岩、长塔、龙门之地，后迁南靖县吴宅永丰。当时石氏的班辈是：显、元、邦、建、光、明、有、国。

我们这一支石姓，因为闽省地狭人稠，又听说西蜀田土膏腴平坦，祖先便带着七个儿子，背负家什，千山万水，披荆斩棘，披星戴月，风尘仆仆来到四川。他们先在汉州（广汉）南里两河口，佃别人的田，辛勤耕耘。不数年，铢积寸累，集了些银子，买了点地。继而在旌阳南乡（德阳）又创业，为我们子孙后代打下了良好的基础，太伟大了！我们的祖先，在这里我不得不由衷地赞美。

后来，儿孙繁衍，人口增多，石氏不得不分家。大房文燧公与四房文灿公，一同迁往安邑、河坝场等地；二房文烃公，佃耕于本邑西北乡；五房文辉公，迁梓潼百顷坝等地；三房、六房仍居旧处。这里也包括我家这一支，为什么他们不愿迁出呢？就是恋恋不舍祖先的坟地，他们要守着高、曾、祖及先辈们的墓地。人们说，父母恩不可忘，特别是父之上有父，祖之上有祖。以此类推，从祖到始祖，又怎么能忘记呢？石氏先祖，元精一线，一直贯通于后代，千古之孝子贤孙，既慎终也，犹必追远。常存水源木本之思，天地长存一孝字足矣。我看到先辈们在前面写的序言，很有感触，跃跃欲试，怎奈才疏学浅，写了这篇文章附在最后，以待将来修改。

时道光三十年新正月初四吉旦十五世孙惠吉顿首谨志

据此谱记载，这支石氏家族的班辈，在福建省南靖县时，被第三房更改为"玉、显、元、邦、建、光、明、有"。这七代人在"有字辈"便不能再用，于是又改班辈为"国、土、文、必、明、高、中、天、朝、世、正、联、长、存"，可以用十代人。道光十六年（1836），族众商议，更改班辈用"天、朝、正、崇、贤，德、启、在、崑、源、显、达、维、功、定，光、昌、永、万、年"。班辈定下以后，周而复始，永久续用。

读罢此谱，笔者感慨良久，一部家族史，十几代人、数百年写来，其间多少生生死死、多少风风雨雨，虽没有什么跌宕起伏的故事，仍让人唏嘘不已。

《冯氏合族支派图》：一个中国家族的谱系图

十多年前，我在成都古玩市场见到一册《冯氏合族支派图》，直觉非常罕见。书商要价高，几次不忍离去，终咬牙买下。

绘制这幅冯氏合族支派图的人叫冯书，他当时住成都西御街自得园自己的家中，那年他六十一岁。据他说：冯氏族众，世居四川川北道西充县北路宫山附近。明末张献忠剿四川，冯氏谱牒失传。

至清同治年间，先祖如山公始同族人商量，筹款编辑《冯氏族谱》。他们通过对祖上墓地、墓碑的考证认定：冯三顾先生为此支冯氏入蜀的始祖。他大约是明朝末人，还是个庠生。他娶周氏为妻，育有三子，分别是冯伦、冯杰、冯俊。从此梳理下来，各代相传有序，一代一代，清清楚楚。到清末同治年间，共计传了十三代。他们开始续修家谱。清同治年，《冯氏族谱》出版了，到了光绪十一年乙酉春（1884），又根据族谱的内容绘成这张《冯氏合族支派图》，更加一目了然，冯氏每支都藏有一份。

又过了三十多年，到了民国5年（1916），冯氏宗族又添十四、

罕见的《冯氏合族支派图》，此图长 120 厘米，宽 76 厘米

十五世，冯氏子孙繁衍渐丰，入谱达一千多人。于是，冯氏族人又重新绘制此图，用当时比较流行的石印方法，将此图付印。冯氏每支都藏有一份，以备随时展挂，慎终追远，不忘典数，以垂久远。

此支冯氏班辈是"先泽维大，宗德永长，友仁明义，万世其昌"。此班辈是清同治年间，族人公议而定的，从十三世以后起，使用这十六字排班辈。在图的上方正中，书有"此图各宜永远保存"。

后来，据冯书的后人讲，冯书（1856—1923），字芸生，四川盐亭人，祖籍西充，尊经书院生员。1898年，冯书以拔贡身份到北京参加朝考。在京期间，遇戊戌变法失败，曾通知杨锐、刘光第等逃走，未果。回四川后，任内江县教谕，并在尊经书院教书，张澜即其学生。1903年参与筹建四川省城高等学堂和四川通省师范学堂。冯书有个儿子叫冯秉谦，四川大学毕业后在张澜身边工作。抗战期间，秉谦在四川省防空司令部任少校科员，积极投身抗战工作。正是由于有了这段工作经历，1949年以后作为"历史问题"，受到不公正对待，后被批斗、抄家，《冯氏合族支派图》等家族文献作为"阶级敌人变天复辟"的罪证，被公开展览。平反后，冯家人没有在抄家退回物资中发现这张族谱图。

2017年夏天，冯秉谦的儿子在天涯博客上看到我十年前的文章，不知通过什么渠道找到我的电话，联系上我。可惜的是，这张《冯氏合族支派图》早就于2009年割爱给浙江族谱收藏家江先生，现在已经无法联系，我只好将以前拍摄的几张照片传给他。

从这幅《冯氏合族支派图》可以看到，一个家族就像一棵枝繁叶茂的大树，一生二、二生三、三生千万。古人说：不孝有三，无后为大。传宗接代，唯此为大。如果你到了适婚的年龄，不去结婚生子，很有可能，你身后就是一片空白。

《成氏族谱》：孝悌传家

这部《续修成氏族谱》共五卷，民国 30 年辛巳十二月下浣合江聚新石印代印。惜存卷首一册，此谱长 26 厘米，宽 18 厘米，内容十分丰富，从其目录中所见有以下内容：首卷包括逊清历代帝王年表、民国历任总统年名表、旧谱序考、续修序考、建祠记、祀田记、效力记、服制图、祠墓图、祀仪、祝文、附主序祝文、家训、凡例派行字、族规、遗训、新旧行传、墓志铭、遗著、寿序、寿诗、挽诗、科目总记、孝弟（悌）碑序；卷二包括长房世系（附简易世系图一张）；卷三包括二房世系（附简易世系图一张）；卷四包括三房应聘祖世系；卷五包括三房富祖及四房五房世系、经修人名、跋等内容。

成氏起源考

成氏的历史源远流长，出于姬姓。公元前 1066 年，周文王之子周武王建立周朝时，将其同母的弟弟叔武（又称郕叔、叔武,系周文王第五子）分封于郕邑（今山东省宁阳），爵位子（又作伯爵）。叔武在此建立了自己的国家——郕国。叔武后裔为了纪念自己的国家，便由姬姓改为郕姓，再去邑为成，称成氏至今已有三千多年的历史了。

民国石印本《成氏族谱》书影

家族的传说

据《通志·氏族略》记载："成氏，亦作郕。伯爵，文王第五子，成叔武之所封，记载于此。其地在今濮洲雷泽北三十里，郕国故城是也。其后以国为氏，或去邑为成氏。"这段记载说，西周初年，周武王姬发封其弟、周文王第五子叔武于郕（山东宁阳），叔武在郕建立了郕国。周庄王姬佗十一年（公元前686年），这个郕国与纪国由于阻挡了齐国向南部发展的途径，因此被齐襄公姜诸儿所灭，其后代遂以国名为姓氏，后有的去"邑"为成氏，史称成氏正宗。

《成氏族谱》中有"赐进士出身咸安宫教习特授川东道重庆府教授加记录四次"的李淳玉撰写的一篇《成氏源流》。他考证说："《礼》，诸侯不敢祖天子，大夫不敢祖诸侯。然而木本水源之义，故不妨溯而愈上也。我成氏，系出天潢，派演姬宗，武王之母弟八人，季曰武叔，封之于郕，今上谷其地也。后人去邑为氏，遂姓成。"

笔者把上文译为白话文，大意就是：《周礼》上说，诸侯王不敢轻易把天子当作自己的祖先；大夫不敢轻易把诸侯王当成自己的祖先。树木有根，流水有源，作为人类，也不妨一代一代往上追溯自己的祖先。我们成姓是出自周天子的姬姓，是周武王的母亲的弟弟叫武叔，被封在郕，后来把邑旁去了，就成了成姓的起源。

关于成姓的起源，历史上还有另外一种说法：成姓起源于河南范县西濮城北。几乎在与叔武封地的同时，周武王又将另一个王族季戴也分封在另一个郕邑（今河南范县濮城）。季戴也在自己的郕邑建立了郕国。季戴郕国没有叔武的郕国命运好，早在叔武的郕国灭亡三十二年前的周桓王姬林二年（前

民国石印本《成氏族谱》中的《各条规款》即家规

·182·

718），这个郕国即被卫宣公姬晋所灭，其后代以国名为姓氏，其中就有人去邑为成姓，世代相传。

并且一部分后裔由郕姓改为盛姓。当前的盛氏中，主流便是属于叔武公的后裔。这一说法详见成尚鸿撰写的《郕叔武后裔之盛氏源流考》。

始祖由宦入蜀落业泸州

清嘉庆二十年（1807）岁次乙亥八月二十日，成氏十七世后裔成良礼（字天秩）在撰写《成氏族谱序言》时说："吾家派衍豫章，系传吉水。"（祖籍在江西吉安）明代永乐初年，成氏始祖由宦入蜀，落业泸州。迁蜀始祖名成宏第，第二代叫成礼正。后来这支成氏族人又迁居永邑（永川）松溉镇。（按：松溉镇，位于重庆永川最南端的长江北岸，松溉为千年古镇，其始建时间现无法考证。据嘉庆《四川通志》记载，南宋陈鹏飞，为秦桧诬陷遭贬，偕妻在松溉设馆教学，死后葬于松溉，可知当时就有此镇。"家习诗书，人敦礼上，孝子节妇，义夫烈女接踵而出，载之邑志（县志）。"传了十多代，到明末清初，"流贼之乱，人烟寥落，户口萧条"）

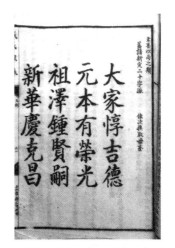

民国石印《成氏族谱》中新拟定的班辈字派

大约二十年后，也就是道光五年乙酉（1826）孟秋月初一日，成氏十七世后裔成良寿（字步瀛）又作一篇序文。他更加详细地记录了这支成氏入川始末以及家族繁衍情况：

家族的传说

我始祖成宏第，字百发。明朝永乐初年，以江西吉安府吉水县进士授陕西咸宁知县，政绩卓著，升任西安府尹（西安市市长）。后到四川做官，就迁居四川泸州，死后葬在泸州蓝田坝荔枝园。他的儿子成礼正，迁居四川永川松溉镇。入蜀第三代成立彰，先住在永川，后迁川东、川南。第四代成志忠又迁江津的许坎。这一支传到第十代，人口不下千人。可是，甲申之变（甲申年是公元1644年，大明王朝遭遇李自成、张献忠造反与清军侵略等一系列事变，称为"甲申国难"），戎马频临，成氏族人仓皇出走，一切遗爱尽毁。我们这一族流亡逃难，家破人亡，十不存一。大清定鼎后，我们成氏五房老小回到故土者，只余下十余口人。（从这段文字可以看出，原来人口上千的大家族，由于战乱而仅剩下十余人，可见当时兵燹之害太甚。）大清朝近两百年的发展，到今天（道光五年），成氏又恢复到千余口人，这难道不是先祖之灵在保护我们成氏后人吗？幸好成氏族人口传心授，还没有忘记历代祖先的世序流源。这几十代人，连绵不断，人丁兴旺，此时正该溯本寻源，好好地收集先祖留下的文献，整理出我们这一族的发展历史，好使它百世不乱。

大清道光五年岁在乙酉（1826）孟秋月初一日

十七世良寿字步瀛谨识

于是，成氏族人收集旧谱，走访了各支各族，重新拟定了今后族人使用的班辈字派。其文字皆吉祥，寓意成氏族人将来有更大的发展：

旧谱新定二十字派，依次挨取毋紊：

大家惇吉德，元本有荣光，

祖泽钟贤嗣，新华庆克昌。

成氏历代名人

族谱里还有一篇文章叫《成氏历代名人》，专门讲述成氏历代出的名人，很有史料价值，特录于下（以下白话为笔者据原文所译）：

春秋战国时代，成姓名人辈出，楚国的成得臣（按：成得臣字子玉，他是春秋时代楚国的名将，官拜令尹，相当于宰相，晋楚两国在城濮交战时，晋文公闻其名而下令军队"退避三舍"。可惜他后来战败自刎），齐国的成间见，卫国的成何越，秦汉时的成瑨，誉满南阳。历朝历代，名人辈出，如成丹（按：他是汉朝的著名将领，因战功显赫而受封为襄邑王），汉朝学者成公（按：成公隐姓埋名，不交势利，常诵经，时人称为成公。汉成帝出游，遇见成公。成公见了皇帝居然不行礼，成帝大怒说："我是天子，能叫你富贵，也可以要你的命，你居然不知利害，一点没有礼貌！"成公不吃那一套，不慌不忙地答道："不错，不错，陛下是能让人发大财，让人富贵，也有生杀威权。可是，小民不做陛下之官，不受陛下之禄，不犯陛下之法啊。"汉成帝拿他没办法，就命令郎官二人就受《政事》十二篇），还有成封、成遵（按：成遵，字谊叔，元朝河南邓州人，进士授翰林国史编修官，拜监察御史。为官清正，揭发时弊，所至有声绩。后因人诬告，竟遭杖死，朝中内外为其鸣冤）、成翊世（按：成翊世，平原人，东汉官吏。安帝初，因上书请邓后归政于安帝，而入狱。邓后被诛后，征为尚书郎。安帝末，又因上书为太子刘保废为济阴王申辩，而被罢官，顺帝时复为尚书）、成无己（按：无己乃金代医学家，山东聊城人，生于北宋嘉祐治平年间，后聊城为金兵所占，遂成金人。成无己出生于世医家庭，自幼攻读医学。他对《内经》《难经》《伤寒论》等古代经典皆有研究，尤其是对于《伤寒论》最为推崇。他专力钻研该书数十年，以《内经》《难经》理论为依据，对该书进行了全面注释，撰成《注解伤寒论》十卷，为现存最早全面注解《伤寒论》之作，对后世影响极大。另撰《伤寒明理论》四卷，将经典著作与个人心得有机地结合起来，对启迪后学产生了重要作用）。另外，还有如成基、成展、成德，等等。

《皇考际隆府君行述》

有一篇成氏后裔为他的父亲做的传记，时代背景系清末民初，颇有些史料价值，故录于后：

我皇考府君（对去世亲人的尊称）讳（古人对尊长不能直呼其名，故多避讳）绍平，字泰阶，号际隆，古蔺成氏。幼承我曾祖德雍府君及祖竹泉府君家学，稍长又师事傅九云、陈海筹及叙永厅教授李汇川先生，所学益邃。光绪丙申（1896）学使吴公庶莱（吴树莱，光绪六年进士，官四川学使），见其文，大加叹赏，遂入厅学。府君因自喜，谓从此奋迹天衢，光荣祖考，直意中事耳。无何相继丁曾祖父母忧。我皇妣胡孺人亦逝世，府君哀毁痛悼，壮念顿消。矢不再娶，一以奉养继母，长育子女为职志，时年仅三十耳。初，我祖妣胡氏生府君后，半年而没。继祖妣李，生仲父宝衡、季父继泉及两姑，旋又没。继姐妣钟于归后一年，而我祖竹泉府君物故（亡故、变故）。当是时，子女小，不如意，恒终日嗃嗃不休（叫嚣之声）。府君则约束弟妹，顺适厥旨，直待太孺人颜色和霁而后已。一日，家人偶触其怒，时太孺人方午食。立弃碗箸，趋入内阃户（关门），疾取钵中鸦片以自毒。族叔金安见状，知有异，连呼伯母不应。碎扉入，力脱其钵，审视已入口盈掬矣。府君自他处闻变，遄归。跪床前曰："母若死，儿亦不生矣！"因痛哭不辍。于是太孺人乃肯服解药，寻大吐，府君跪吐中不去。至二鼓，太孺人怒始解，呼曰："何与汝事而长跪不起也？去！去！"促之至再，府君乃垂涕去。丁未秋（1907），府君同门友许海蓬主办毕节权政，以延傅两公子兼掌记室。府君以家贫思得禄养，于是拜母游黔。凡依许三年，因得尽交黔省大吏，游扬汲引，得官提举，御县丞候补贵州。旋以思亲念切，告假归省，未机而清鼎革矣。先是府君游幕时，以家事嘱仲父宝衡，仲父售旧产而三分其值，与钟太孺人鞠养。府君内顾深念，驰书与仲父曰："兄生平仅有一子一女，愿吾弟善遇之。"而仲父若弗知也者。府君归自黔，悉闻其状，默而不言，且见两叔均艰于谋生，呼归而并瞻之。盖其躬行孝友如是，邓星桥先生，笃行君子也，恒谓人曰"成某孝友过人，必邀天眷，天之报施不于其身，必于其子孙"云。光绪末，府君任团职（地方武装，团练），值巨匪雷少堂、杨小帆等伏诛，府君及黄松云、许尤甫、邹兰轩、许集梧、罗彦三思堂诸先生，请提匪产创办高等小学堂。时蔺邑未设学，而府君卒躬任劳怨，俾得成事，此实为吾县教育发轫之始。

辛亥反正后，新军林立，解散则且为乱；给养则饷源不足。府君既被举为军饷收支，则代为奔驰，譬晓富室，然后巨资募集军饷以济事定论者，谓新军之不哗变，合县之得安宁者，府君与有力焉。民国4年（1915），袁氏称帝。蔡公松坡起兵护国，道出叙蔺间。纳好事者议饬提学疑以供军储，众均畏葸，莫敢言。府君适被举为教育会长，乃独发愤具文痛陈利害，洋洋数千言，蔡大悟，卒寝其事（作罢此事）。古蔺学款之已频破产而复保全者，府君之功也。（民国）6年（1917），蔺人陈肇端长正安，聘府君作丞审，而府君复至黔。既而由黔赴渝，徜徉塗山字水间；8年（1919）复任丞审于丰都，已又任援鄂川军第二军第一混成旅司令部秘书。16年（1927）任国民革命军二十军第十师司令部秘书。复随军赴鄂。十七年任国民革命军二十军第一师司令部军法处处长，又任第三师司令部秘书长。举凡府君之历年行役不惮艰辛者，盖欲立功扬名，以慰我茹檗饮冰，抚养两世之继祖妣钟太孺人也。而太孺人乃于斯时弃养（去世），竟未遂，板舆之迎，于是府君亦无心用世，而归念萌矣。顾从弟其藻随侍有年，是时适卧疾不起，是以留滞梁山者，盖三四年。迨 22 年（1933）而府君年六十矣，初府君赴鄂时，因大雪竚舰顶观巫峰甚久，遂构疾，至是寝剧会，方遣人赴梁迎养，乃归至长寿小菩提山旅次，竟以疾逝，时十月三十一日也。丧既归，卜葬南门外虎头山麓。其平生所著文皆散失，独于诗有《鸿爪吟》《磨盾吟》各一卷。于首有《公余医学考证》一卷，及家书数十通，小子方谨什袭而藏之家。

男方谨撰

附《募树成公飞卿翔卿两先生孝弟碑序》

《募树成公飞卿翔卿两先生孝弟碑序》颇有史料价值，故录于下：

俗颓世变，由于人心之坏，人心之坏，由于孝弟（通"悌"，后同）之道不行，何也？人异于物，惟在有仁，而仁之行首在孝弟有。子谓"孝弟为仁之本"；孟子谓"尧舜之道孝弟而已"。不其然哉？诚能孝弟，则身修，而家齐国治天下平可。由是而推，孔子所以谓"自天子以至于庶人，壹是皆以修身为本也"。我国自鼎新以来，俗颓世变，孝弟之道，人罕言极，道德扫地，所由来欤？然欲挽一国颓风，必自一乡始，欲起道德之衰，必自孝弟始。故识者谓欲鼓舞一乡道德，必取其乡先哲之敦行孝弟者表而彰之，以为一乡模范，或其庶几乎？吾乡先哲昔有成氏飞卿、翔卿两先生者，人称孝弟不间于其父母昆弟之言，而观其人，则言可为方，行可为表，殆不只今之古人焉？模范一乡，诚不谬矣。弟恐年烟代远，后少人知，不如泐为表诸贞珉，树之道周，俾来者观而感焉。仁心勃发，蒸成孝弟之风，则国治天下下平，或可跷足而待？顾念斯举，风化攸关，一木难支，众擎易举，合募同志诸君，集资从事，俾垂久远。伏望同志诸君子，不吝囊金，共勷盛事，亦挽回风俗之一助云。

韵琅撰

【蜀都家谱】

祠堂　祭祀　婚丧

《陈氏宗谱》：家族中婚丧嫁娶的礼仪规范

笔者选取了清代《陈氏宗谱》中关于婚丧嫁娶的礼仪规范的相关记载，以及各种祭文、祝文范例，介绍给大家，虽然文字略显枯燥，但对喜欢历史的朋友或许不无帮助吧！

家礼总论

先王制礼，自天子以至于庶人，无论贵贱皆当尊而行之者也。盖以礼为国，则治平可臻；以礼齐家，则仁让可睹，斯人岂可外乎礼哉？礼之为用多端，大之在纲常伦纪，细之在出入起居，至于冠婚丧祭，尤为斯人所常行而不可外。其他服制，有亲疏之

笔者所藏清代刻本《陈氏宗谱》封面

杀，又礼之所由生，皆不可不知者。一族之人，无小无大，倘皆明礼由礼，则家自可得而齐矣。

一、婚礼

冠礼早就废除，这里就不记录了。主要谈谈婚礼：凡男子年满十六至三十岁，女子年满十四至二十岁，自身以及主持婚礼的人，凡没有在服丧期间，乃可议婚

图为清代刻本《陈氏宗谱》中关于婚礼的记载

事。议婚必先使媒人往来通言，等到女方家许之，才可以纳彩、纳币、迎亲。婚礼之时，男方引导女方入大堂。男女拜完天地，礼毕，男方出来拜客人。然后又入洞房，脱去婚服，拿着烛台出来，主人招待宾客。第二天新婚夫妇去见舅姑。第三天去庙里拜菩萨。从此以后，便可以在家里神龛上供奉神明。新婚第二天，男方还要去女方家见父母，再去拜见女方其他亲戚家。女方家对男方可用平常的礼仪。

1. 仪婚

按《家礼注》引司马温公之言："凡议婚，当先察其婿与妇之性行及家法如何，勿徒慕其富贵。另外，现在社会风气,双方儿女还在襁褓之中时，大人便轻许为婚，亦有指腹为婚的情况。谁知道，当孩子们长大后，有的变成不肖子或无赖，或身有恶疾，或家贫冻馁，或从宦远方。遂至弃信背约，甚至双方为此事而打起官司，这样的例子太多了，故对于婚姻大事，应慎重斟酌。"

2. 纳彩

主人具书，夙兴奉以告祠堂，央媒。如女方主人出见使者，遂奉书以告于祠堂。出来复书授媒，遂礼之，媒复命婿氏，主人复以告于祠堂。

3. 纳币

币用色绘，贫富随宜，少不过两，多不逾十。或从俗，用羊、酒、果实之属，都要写在礼单上，派遣子弟知礼者为使者，到女方家，女方接到书信，要回信，由使者带回来。

4. 请期

将娶前，央媒人去请问大婚的日期。一般由女方定婚期，或者由男方选择吉日，经女方同意后，定下迎亲的具体时间。

5. 交仪

大婚当日，男方牵引着女方进入大堂，站的方位是男东女西，新娘子由已婚妇人扶着，再后转身，男西女东，又再，旁边应该有一位主持婚礼的人。

二、丧礼

当亲人去世，做儿子的要将亲人的遗体迁放于正寝。接着确立主持丧礼的人，明确哪些人参与办理丧事，哪些负责书写，哪些负责购买有关丧事的物品，哪些负责换死者衣服，哪些去置办棺椁，哪些去发讣告，哪些去做饭招待吊客，等等。接着要设灵堂，主人以下，站着各自该站的位子上哭泣。逝者要盖着被子，设置灵位牌子，设魂帛。小敛、大敛、成服，死者一家人及死者兄弟，始食粥、寝苦、

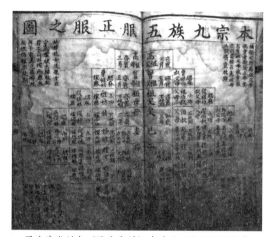

图为清代刻本《陈氏宗谱》中关于五服正服的记载

枕块，朝夕哭奠。然后要择吉地、祀后土、穿圹、刻墓志铭、造冥器、陈器、祖奠、发引、奉主升车，及至墓地下棺、祀后土、藏志石，成坟。俗服三周年。

1. 复

复者，凡人之父母刚死，对儿子的称谓。儿子要马上把父母的遗体搬到房屋或院子的南面。

附《侑食诗》："有肴在豆，有酒在罇（樽），父（母）灵不昧，来格来歆。"

2. 成服

三日之内，要明确哪些是这个死者五服之中的亲人。每个人根据自己与这位死者远近不同的血缘关系各服其服。比如，"斩服"，要穿极粗的生布，时间是三年；"哀服"，用次等粗生布，也是三年；还有"杖期""不杖期"，也要服五月和三个月；又有"小功"五个

月；"缌麻"三个月；等等。

附《成服文》："呜呼！日月其除光景迅速，声貌未遥，届兹成服，易彩而素，著我麻衣，风寒木落，罔禁凄悲。"

3. 小敛

主人死亡后第二天，就要用布裹住尸体。女主人要披头散发，袒衣设奠，大哭不止。哭不动了，请人继续哭。

4. 大敛

主人死后第三天，将布裹好的尸体放入棺椁中。主人以下，皆大哭不止。设灵床于枢东，死者家属亲友，各归丧次。

5. 吊奠

凡吊者皆着素服，祭奠用香茶、烛酒、水果、钱纸。都要报一声来吊者的姓名，上香燃帛后退下。

6. 治葬

用河沙、石灰、放入棺椁内，用木炭灰填在外椁四周，这样既可以辟湿气，又因木灰是死物无情，故坟上坟边的树木的根，长不进来。《抱朴子》云："炭入地，千年不变。"作石椁放在一起是非常适宜的。

7. 木柱式

用粟木或坚硬的木头，长宽四寸，厚一寸二分，凿之洞底，以承受死者的身体。另一根木头，把上面五分的地方削成圆形的，四分居前，八分居后，颔下陷中。长六寸，宽一寸，深四分，放置在脚下直到肛门处。其旁以通中，圆经四分，居三分，六分之下，距离脸面中七寸二分，以粉涂其面。

8. 迁枢

这也是一种仪式，在将要下葬前，抬着棺材朝祖宗牌位，作告别状，表示自己要出远门了，必须向堂屋里供奉的列祖列宗们告个别。

《迁枢文》："出告入面，阅古彝规，生死存没，其曷敢违，益吉届期，永归黄壤，酹酒辞先，跋惟格飨。"

9. 祖奠

祖奠，祖饯也，将出而饯其行，仪式地点大门外，要放供品供汤，但不让女人参加。

附《祖奠文》："呜呼！来归欢迎，行别饯道，杳隔音容，地荒天老，洁乃栖栝，肃兹币馔，望柩涕零，式遵祖奠。"

10. 发引

灵柩从家里抬出来，向郊外行走，主人以下男女哭。大家步行跟从。队伍顺序是：死者至亲，尊长次之，无服之亲又次之，宾客再次之。设置帏账于城外道旁，出了城郭，停下灵柩，在此祭奠。

附《祭父文》："呜呼吾父！训育辛勤，椿庭黯寂，伯仲伶仃，岁华不待，展奠伊临，焚黄叩祝，伏冀维歆。"

另附《祭母文》："呜呼吾母！鞠养劳劬，北堂瞻对，晨夕依依，离兹帘幪，即彼泉台，望云涕慕，终古生哀。"

11. 题主

子弟或亲友中有善书法者，楷书题写亡者之姓氏名号、生殁年月、葬地山向。可以事先写好，也可以临时请官师写。或请乡官、缙绅、先生等书写。此虽久渐成俗，可斟酌文质相应者，亦可相时变，勿泥于古。

12. 佛事辩

民间信佛事，在人死后，或七七四十九天，或满一百天，都要设水陆道场。他们写经造像，修庙建塔，原因都是听信僧人说的："这是为死者消除弥天大罪，让他们的灵魂升上天堂。如果不这样做，他们可能入地狱。"唐代有个泸州刺史叫李丹，他写给他妹妹的信中说："天堂无则已，有则君子登；地狱无则已，有则小人入。"这样看来，世人为亲人去世而祈祷于和尚，是不以其亲人为君子，而以其亲人为积恶有罪之小人啊，为什么这样对待死去的亲人呢？就算去世的亲人生前有罪过，岂能贿赂和尚就能让他免罪呢？有些人硬要倾家破产这样去做，与其如此，不如早卖良田，建一座墓来埋葬亲人。

13. 择地辨

民间相信堪舆大师的说法：埋人要根据他的生辰，即年月日时；还要选择埋葬地的山形水势。如果找不到一块风水宝地，有的人家永远不下葬的，这样悖理伤义，无过于此。但是，孝子之心，担心埋浅了，易露棺椁；埋深了，则易潮湿，故必选择水浅土厚的地方云云。

14. 立石碑望说

古代的法令中，规定了各品级的官员，石碑的样式和石兽的大小、种类、个数都有严格的规定。许多人把自己的坟墓修得富丽堂皇，安知后来的盗墓人不会因为这样的缘故而认为里面埋了许多金银财宝？这样修墓不是有益于亡者，而是有害于亡者啊！如果这个死者，果真在世时有大贤名，人们都在传颂他的功德，就是死后千年，仍然名留青史，没有因为时间流逝而湮没。如果他没有真正的事迹，而是靠别人写的吹捧文章，强加采饰，则徒取后人讥笑。虽刻名于墓前，别人也清楚是怎么回事。

15. 祀后土说

《朱子礼纂》云："比见墓祭土神之礼，全然灭裂，吾甚惧焉。"既然为先人把遗体托付给山林，当然要祭祀山林之主一土地神，今岂可废耶！此后可与墓前一样，摆放蔬菜、水果、肉饭、茶酒、汤各一器，以尽我们安亲事神之意。

附《祀后土文》："惟神职司，载物万类。归藏精涵，土石气聚。陇岗今以某托体于斯，积新成故，敬冀山灵，千秋呵护。"

三、祭礼

考祭礼，亲初终，未葬，有奠而无祭。既葬而反虞，始设祭焉。自此期而小祥，再期而大祥，中月而禫（不穿丧服的祭礼），三年之内，祭固时举也。至若冬至，祀始祖；立春祀先祖；季秋则祭祢。四时月朔，则荐新，遇忌日，复迁主祭于正寝。不疏不数，所以报本追源，不忘所生也。仪节虽有不同，皆孝子慈孙之心，不容自已。合族之人，若能举行，犹可使幼者，渐知礼节。但古制所载，人当遵从，而世俗所行，犹未大谬。亦惟从众，勿泥。

另附《乡俗三献仪注》如下：

先奠期护丧折具名，请相礼者、通赞二人、引赞一人、讲书一人、内赞礼二人、读祝文一人、司樽一人、执爵一人、执馔一人、执香一人、执帛一人、歌童二人，司盥洗一人。

宾至，主丧者出闱，礼宾于寝跪叩，护丧代主人致辞。宾答礼，护丧飨宾毕，宾谢乃相与执事（即通赞）内外肃静，通赞高声道："司事各司其事，五服之人各服其服。"

设盥洗所，设酒樽所，设讲书案，设歌诗台。执香者奉香，执帛者奉帛，执馔者奉馔，执爵者奉爵。引赞低声道："孝子整冠，束经纳履，执杖依序出闱。"通赞高声道："行暮奠礼，就位！"引赞引主人由西阶降北面，中立厅下或厂中。通赞道："五服之人各就位！"五服之人皆各立位次，陪祭。通赞道："释杖！"（释杖，将拜也）通赞道："参神！跪！兴！（兴，如今日之低首默哀）跪！兴！初献！"；引赞低声道："诣盥洗所，释杖、濯手、进巾；诣酒樽所。"司樽者举杯酌酒以酒奉上，某某灵前跪，五服皆跪。引赞道："释杖。"奉得者进香。内赞道："尚香。"主人两手举炉盘加于额上。内赞道："初尚香"奉帛者以帛进献。内赞道："献帛！初献帛。"奉馔者以馔进。内赞道："献馔！初献馔。"奉爵者以爵进，内赞道："献爵！初献爵。"祭酒倾少许于茅沙上，奠爵将酒置于灵位前。通赞道："读祝！"读祝生取板帖文于上跪读于主人之左侧。内赞道："叩，再叩，三叩。"引赞道："执杖，复位。"通赞道："兴。"五服皆兴，亲友皆在阶下默哀站立。

通赞道："亚献！"引赞道："到酒樽所。"司樽者举帘幕酌酒，以酒奉上某某灵位前跪下。通赞道："五服皆跪下，释杖。"内赞道："尚香，亚尚香；献帛、亚献帛；献馔，亚献馔；献爵，亚献爵；祭酒，奠爵，复位、俯伏。"通赞道："讲书。"讲书生就位，打躬展卷明讲，毕，通赞道："讲书生退位。"内赞道："打躬、叩、再叩、三叩！兴！五服皆兴，执杖，复位。"

终献，引赞诣酒樽所，司樽者举酌酒以奉某某位前跪，五服皆跪，释杖，尚香，三尚香，献帛，三献帛，献馔，三献馔，献爵，三献爵。祭酒，奠爵，复位，俯伏。通赞道："歌诗。"歌者缓声《蓼莪章》，一人和之。通赞道："退位，侑食，阖门。"内赞道："孝子陈羹。"先煮鲜米饭及粥、肉、虾、汤，主人奉献如终献仪。内赞道："主妇点茶。"新汲水烹名茶。通赞道："歌《侑食诗》，退位，启门。"内赞道："叩、再叩、三叩，兴。"通赞道："五服皆兴。执杖，复位、辞神、跪、兴、跪、兴。"引赞道："执杖。"通赞道："撤馔，撤盥洗所，撤酒樽所，撤讲书案，撤歌诗台，焚祝帛！"执事者揭文于板焚之帛从宜。通赞道："礼毕，举哀出闱。"五服人皆哭，依序出闱。

此礼较古制仪节甚繁，然今世乡俗士大夫之家必以此为荣。

刘氏祠堂成规、要约各十二条

　　中国古人的宗族观念非常强，伴以多种历史原因与环境等因素，从而形成强大的宗族观念和宗法制度。在古代社会，宗法制度几乎担起了社会制度的重任，一般情况下，族人中各家庭的矛盾纠纷，不出祠堂就能解决，如养老、抚恤、扶贫、官司、治安、教育等问题。族人一般会修建一座祠堂，有总祠（祖祠），有分祠（支祠）。选出德高望重的族中长辈来当族长。族长很有权威，既掌管着全族的经济、教育、文化、治安，还有生杀大权，动不动就可以"家法伺候"。

笔者所藏民国《刘氏族谱》中绘制的刘氏祠堂图

　　但是，族长的主要任务还是主持春秋二祭，组织全族人续修族谱，出面处理本家族与外族的各种纠纷。这样看来,他既像一个大型晚会的主持人，又像一个国史馆的编辑，更像一个精明的外交官。所以，不是什么人都有资格来当一回族长的，他起码是全族人公认最能干的、最公平的、且道德最高尚的人。这两篇从《刘氏族谱》摘录的《祠堂成规十二条》与《祠堂要约十二条》里，对族人祭祀活动的细节要求非常严格，内容比较丰富，具有一定的代表性。笔者特地选出来，供读者参考。

祠堂　祭祀　婚丧

刘氏祠堂成规十二条

第一，酌定祭期，无俟相约，每年春祭二月十四日，秋祭八月十四日，非有大故，不得改易。（按：春秋二祭由来已久，春天和秋天，后人要到祠堂或坟前各祭奠一次，以表达怀念之心。有的家族，春秋二祭的时间定在每年的正月十五和八月十五。有的定在清明节和农历的十月）

民国《刘氏族谱》中收录的《祠堂成规十二条》

第二，每年首事，六房轮值，凡设祭品物及与祭人等酒饭蔬菜与一切应用物件，值年者预先办就，务宜丰无缺，方免临时增价购求，且据实注单，祭后核算，公银开销毕，将总簿交割接办首事人。惟（唯）两祭清酒，值年者预酿待用，不得外沽。（按：从这一条我们可以看出古人用由祭祀的酒，都由自家所酿造的，不用外面打的酒。同时，六房轮流当执，做到了账目公开、透明）

第三，力役之人，值年携带，先期二月十二，八月十二，率领知事子侄三四人，到祠洒扫堂室，拂拭棹橙，洗涤碗盏。募司厨煮饭一人，给公钱二百文；挑水一人，给公钱一百文；宰猪杀羊二人，人各酉守（同"酬"）肉二斤。酌派停当，不致临时观望退避。祭后收拾各项祭物等件，首事人方始旋家。（按：古礼祭祀时，备"羊一豕一"。现在祭品虽略有改变，但祭祀传统至今从未中断）

第四，主祭一人，不论房分，但以行尊齿长者主之，余俱在下，照行次排立，不得逾越。

第五，与祭子孙，衣冠宜整。二八两月，单夹兼服粗细之衣，人各能具。惟（唯）春祭凉帽颇少，即以冬帽行祭亦可。如衣冠不备者，麾之门外竚立观礼，不许入祭，庶知愧悔。

第六，尊祖敬宗，老少毕集。年十五以上者，内入祠堂，随行礼；未及十五者，恐礼节未娴，不必与祭。若年力衰迈者，理宜优崇，听其自便。

第七，对越祖先容貌宜肃。凡与祭之人，登堂拜谒，必凝神静气，方克致如在之诚。倘涉喧哗失礼，俟祭毕时，同列之人，向主祭者指出。年壮者罚令挑水二三挑；少者罚令帚地全堂四周，以惩后来。

第八，执事尚能不拘长少，每祭设鸣赞一人，副赞一人，引礼一人，奉接牲帛二人，读祝辞二人，奉馈椀茶饭一人，务宜精敏，恪慎不失礼节，倘有违误，摘去增颁胙肉以为后戒。

第九，正祭既毕，省视坟墓，山原萝蔓，经年一剪。早饭后，值年者，令各房着长幼二三人，多多益善，齐至墓所，帚除污秽，斩刈荆棘，培补坟茔，修植树木，庶免樵牧践毁。

第十，神胙毋宿，颁发宜慎，六房子孙，年十岁以上者，每名颁胙肉一斤。主祭者与值年首事者，除应得外，各另颁胙肉二斤，执事八人，亦于应得外，各增颁胙肉一斤。染病在家，或派令守舍与老幼难行及因事外出者，亦颁胙肉一斤。惟（唯）年力精壮，无故不至者，蔑视祖宗，不得颁发。（按：在祭祀仪式完成后，族中德高望重之人会将猪羊肉分给全体族人，称为"分胙肉"，这肯定是族中的一件大事，它能增强族人之间的凝聚力和归属感，也有"祖先赐食"的意思）

第十一，子孙众多，衾簟（被子和席子）难办。凡六房与祭人等，届期各携衾褥枕簟来祠，以便卧宿，不必就近搅扰，方为长计。

第十二，蒸尝（祭祀）钱谷，禁止借贷。一岁租赋所入无多，子孙甚众，借贷一起，彼此偕来，若一允一却，恩怨遂生，或一偿一捐，谤议频起，日久讼势所难免，不若预绝其端。嗣后六房子孙，无论贫富，决不许借用蒸尝钱谷致启争竞。亦如公田出佃，止许外人耕种，子孙毋得占据也。倘有穷困，不能存活，必欲需此者，己具账恤孤贫条内，可以酌议。

刘氏祠堂要约十二条

第一，敬老寿。凡男妇人等，年六十以上者，给钱一千文；七十以上者，给钱二千文；八十以上者，给钱三千文；九十以上者，给钱四千文；百岁者给钱十千文。每年生辰，值年首事负责送致祝。[按：尊老爱幼，是中华民族的优秀传统。同治刻本《重修成都县志》记载，道光十五年（1835）皇帝曾颁布圣旨：内开军民，凡年满七十岁老人，政府可以免除他家里一个人丁的赋税杂役；年满八十岁，政府送给他绢一匹、棉一斤、大米一石（一百二十斤）、猪肉十勋（斤）；九十岁以上的，加倍给予；满一百岁者，除享受上述待遇外，政府还要给立牌坊的钱，另外赏一锭十两的银子作为寿礼。道光三十年（1850），又颁第二道诏书：内开军民，年满八十岁者，给予九品顶戴（"正股级"）；九十岁以上者赏八品顶戴（"正科级"）；一百岁以上者赐七品顶戴（"正处级"），一百二十岁以上者，享六品顶戴（"正厅级"）。那一年，全成都统计，七十岁以上老人总共一百七十九人，其中年龄最大者叫苏益亭，一百零二岁，另一名叫曾荣瑞的刚满一百岁。他们均有幸享受了"正处级待遇"]

第二，劝贤能。凡读书应童试者，府道两考每次给路资钱一千文；入学捐监者，给衣冠银十六两；恩岁例等贡与生监同；应乡试者，贡、副生、监每科给路资银四两；登乡榜者，无论正副，给衣冠银二十两；拔优等贡与乡榜同。举人初入京，给路资银百两。嗣后每次给银五十两；贡附入京肄业，给路资银五十两。（按：古代各个家

族皆非常注重教育，希望子弟能够金榜题名，光宗耀祖，改换门庭。故对族中读书科考高中者，多有嘉奖）

第三，重冡（同"蒙"）嗣。凡得子者，初产童男，给布资钱一千文。（按：族中鼓励生育，但只是奖励生男孩，明显有些重男轻女）

第四，养秀异。凡子弟聪隽，喜读书善文字者，如果贫窘无力，首事人查明，会族酌给学资，岁若干两，毋得吝惜。

第五，助婚嫁。凡遇贫乏家，子已聘媳，力不能娶；女已许缨，力不能嫁，首事人查明，会族酌给钱银若干帮助，令男婚女嫁，毋得失时。

第六，恤孤贫。凡族内穷迫之人，或年力衰迈，或残废失所不能自存者，首事人查明，会族酌给钱谷每岁若干，以厚宗族。

第七，惩逆伦。一家之人，父兄为尊；一身之行，孝悌为重。故孔圣有宗族乡党之称；孟贤有事亲从兄之实。诚以此为五常之本，百行之源也。孝弟不修，异日出身必不能移孝作忠，移顺事长，安得为贤吏民乎？若有此等逆伦之人，犯上作乱，是谓不顾本源，合族查明，则会责罚，重则送官惩治，以肃纲纪。

第八，绝乱宗。父子祖孙，血脉相贯，故岁时祭祀，无怨无恫。世远人众，命运难齐，容有艰于子息，必欲抱养以为后世者，须于六大房子孙内，择其忠厚可爱者，过房承嗣，断不得以外人入继，致令先人血食自此而斩也。倘有违议故犯者，除禀官究处外，合族会同绝之，毋许入祠与祭，分受钱谷。（按：古人认为"不孝有三，无后为大"，故非常注重香火传承；同时，古代家族更注重血缘的纯正性，对过房承嗣、收养异姓为子嗣等情况，都有严格规定或禁止。不过，现代法律规定，养子与抚养人之间如果不存在血缘关系，依然享有同等权利和义务）

第九，摈淫邪。万恶惟（唯）淫为首，子侄众多，心术不一，凡内外尊卑，岁时接见，各宜遵循礼法，毋相渎乱，倘有犯此者，合族

祠堂　祭祀　婚丧

查明，禀官究治，以正风化。

第十，斥赌博。家道隆盛，端自忠厚而起，故本富为上，末富次之，奸富其下。若斗牌掷骰，以图富厚，术尤下矣。试験（同"验"）乡村富户，谁是赌钱起家者乎，况赌尽无偿，必思盗窃，败名犯法，玷秽家声，允宜禁戒。

第十一，禁争讼。一姓子孙，即数踰（同"逾"）千百，溯源祖宗，总属一体。既为一体，争竞何来？即有情理难容，必欲较论事件，务须凭族内老成练达者说明，听其处理，切勿斗殴，遽而涉讼，致启参商，并破产业。而族中贤明者，亦宜平心静气，剖析是非，善为调处，令两造悦服，自释争讼，方可慎毋，秦越相视不加，喜戚于其心甚，或两边挑拘，为夷狄所不忍为也。

第十二，戒游惰。少年子弟，务习职业，农、工、商、贾，各举一事。勤力其中，衣食自足。若一涉游嬉，废时失事，则日用不足渐至，借贷利积难还，必鬻卖田产，失业无依，将窜徙流离矣！试观饶裕之家，无不从勤敏中来，困苦之辈，举皆缘游惰而致，蹈此失者宜惕然省悔。

老族谱中的墓穴风水

藏在家谱中的曾国藩祖墓风水的秘密

清代同治年间（1862—1874），湖南有一个堪舆大师叫朱冠臣(字益垣)。他发现人的命运似乎与自己祖先墓穴的风水，存在某种神秘的联系。为了验证自己的推论，朱冠臣遍访名山胜地，考察了明清以来六十四位名人的祖坟墓地，这些名流包括状元、翰林、总督、宰相、巡抚、进士、巨富等。朱冠臣对上述名人祖坟的形制、结构、风水、环境等情况做了大量的实地勘察和测算，最后汇集成《新镌地理八窍全集》，创立了自己的风水理论，即："龙窍到头说""脉窍入首说""顶窍开面说""穴窍中心说""唇窍卷舌说""堂窍合口说""砂窍贴身说""水窍真血说"等。此书理论精湛，图文并茂，是研究古代堪舆学的重要文献。

清代刻本《新镌地理八窍全集》是研究古代堪舆学的重要文献

有一天，朱冠臣来到了湖南湘乡县犁头嘴，这里是大名鼎鼎的曾国藩家族的祖墓群地。（按：曾国藩，号涤生，宗圣曾子七十世孙。生于1811年11月26日，卒于1872年3月12日。曾国藩是中国近代政治家、战略家、理学家、文学家，湘军的创立者和统帅，与李鸿章、左宗棠、张之洞并称"晚清四大名臣"。官至两江总督、直隶总督、武英殿大学士，封一等毅勇侯，死后谥曰文正。曾氏家族是历史上可数的侯门望族。截至今日，曾氏家族的后人已经绵延至第十代，其中有突出成就者多达两百多人，出现了像曾纪泽、曾广均、曾广铨、曾昭抡、曾宪植等一代代杰出人物）

他放眼望去，不禁连声赞叹："哇！前有照，后有靠、枕山面水。好地！好地！"即墓地前有水流穿过，墓地后有山峰为靠，整个曾氏家族祖坟墓地境内层峦叠翠，这就是人们常说的"前朱雀、后玄武、左青龙、右白虎"的风水宝地，而且"龙真、脉真、顶、穴、唇、堂、砂、水皆真。"朱冠臣大喜过望，赶忙用笔记录下曾文正公祖坟墓地特征："（墓地）在湘乡县犁头嘴。长远不述，作祖顿起，火星磊落，人局剥换，有情入脉，成芍药枝，起土星，束咽紧细，金顶开面，光丽圆满，可容数百人，微起顶泡，倚靠主星，生气旺盛，贴身龙虎，均带曜印星，朝前罗星塞口。葬后，国藩公声驰翰苑，威震边陲，总督人相，世袭侯封。"

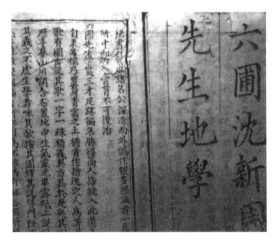

清代刻本《六圈沈新周先生地学》。沈氏为清代知名学者，尤以地理堪舆之学独步士林，世人赞其为绝学，沈氏总结一生的研究经验而撰就地学之书，是研究古代堪舆学的重要文献

曾国藩祖坟墓地风水图

这里"火星磊落"是指墓地的呈尖形。据康熙年间《六圃沈新周先生地学》，关于地学五行的论述："墓地分为五星五行，即金、木、水、火、土。金星形圆，木星形直，土星形方，水星形星，火星形尖。"这里"有星"且"均带曜印星"是指后人会带官运。不仅如此，这里还群山环抱、流水环绕、主流支流交汇处的平地及阶梯地，为罕见吉祥之地。朱冠臣认为：死者下葬后，真气会与穴气结合形成生气，通过阴阳交流的途径，在冥冥中影响、左右在世亲人的气运。晋代大风水家郭璞在《葬书》中说："葬者，乘生气也"。生气，指流走于土地中，具有致福人、生旺人的一种能量。"气乘风则散，界水则止，古人聚之使不散，行之使有止，故谓之风水。风水之法，得水为上，藏风次之。"这里讲的乘生气的理论，即是风水的中心主题。

朱冠臣还认为，天有窍，春长秋杀；人有窍，一呼一吸。那么地也有窍，只不过地形复杂，有隐有显，一般人看不出来而已。不过，也有捷径，先生的口诀即是："审到头龙，捉入首脉，倚开面顶，束中心穴，认合口堂，取贴身砂，吸真血水，就卷舌唇。"朱冠臣为何对曾国藩家族墓穴风水评价如此之高，盖即缘于上述地学风水理论。

什么是风水

我国古代墓葬风水的历史久远，可以说是一种既古老又复杂的文化现象。为什么过去选址都要看看风水？因为古人认为，不仅人是有生命的，山、水、大地、房子、居住环境乃至宇宙万物都是有生命的。所谓"风水"通俗地讲就是"好地方"。住房叫"阳宅"，坟墓叫"阴宅"。阳宅风水好，人居于此处，能助人事兴旺、升官发财、鹏程万里；祖坟（阴宅）风水好，可令后代富贵显达、福禄延绵。笔者研究发现，几乎所有的古代族谱，皆有关于自己祖先墓地的记载。

民国石印本《谢氏族谱》中的祖先墓葬风水图

康熙刻本《地理直指原真大全》系清代高僧彻莹和尚撰写的一部影响极大的风水地理著作

刘邦为什么能当皇帝？刘氏后人依风水观念做出了自己的阐释。据《刘氏族谱》记载：刘邦的爷爷刘荣，带着小刘邦一同前往太华山收款。主人设宴招待，酒正酣，突然旁边的山岩摇摇欲坠。少年刘邦反应还算快，一个鱼跃而起，急跑十二步，只听得山崩地裂。再回头，刚才聚餐处已为山石所埋。祖父刘荣因年老不便，未能得以逃脱，被活埋于此。这本来是件悲伤的事，风水先生看后却大声说道："埋好得很！埋好得很！这风水，旺子孙。仿佛仙人的肚脐儿，是最罕见的上等龙穴。一块风水宝地呀！"

据《张氏家乘》记载：张大千的曾祖父张用廷"光绪己卯年(1879)二月廿九日巳时去世，享年八十四，葬在李家湾马龙嘴。据当时阴阳堪舆先生断言：'这块地，龙眠马鞍，是风水宝地，大吉。'后来，张氏子孙果然大昌，以今日追思之，无不应验啊！足见'龙眠马鞍地'适合墓葬，一旦发现，族人不可不购置啊！"可见古人对于风水宝地非常看重。

展开来说，什么才是风水宝地呢？是不是人们常常说的"前朱雀，后玄武，左青龙，右白虎、中有明堂，背有靠山，水流曲折，玉带腰缠"？要弄清楚这个问题，就必须先弄清楚什么是风水学。风水学古代称"堪舆术"，或称卜宅、相宅、相地、青乌、青囊、地理、阴阳、山水之术。是选择"合适地方"的一门学问。"堪"是天道，引申为高处；"舆"是地道，引申为低处。"堪舆术"是指研究天道、地道之间，特别是地形高下之间的学问。它是以古代有机论自然观为基础，把古代天文、气候、大地、水文、生态环境等内容引进选址、建设、环境保护和利用的艺术之中。古人选址，当然要找好地，比如修建宫殿、村落选址、选择墓地等都要请到堪舆大师、风水先生先看先算。故《鲁班符咒》云："伏以，自然山水，镇宅地板，抵抗一切灾难，家宅吉祥如意，家庭兴旺发达安康。"

俗话说叶落归根，根为人类的安息地、灵魂的栖寄所。能归根于大地，就意味着人伦之本，种族之源，人生存在之始和生命之归。在这种意义上，传统文化之于人生最后归宿之地的种种文化选择，亦在一定的程度上，彰显出东方文化特有的价值。

其实，摈除风水文化中的神秘主义与糟粕部分，墓葬风水确也含有一定的科学成分。其他不说，不仅其于人居环境有考究，死者的墓地有墓相好坏的选择，同时这也是一门人与自然，人与环境和平相处的科学与艺术，其中一个显著的特性就是着眼于有利于人的生存与发展，强调人与自然环境的生气和谐。

尽管阴宅风水观念的影响，在人们的头脑中一时难以厘清，但随着人口的急剧增长，耕地面积日趋减少，移风易俗，破旧立新，业已成为当今精神文明建设的一项重要内容。因墓葬而大兴土木、毁林占地的现象更是被视为愚昧荒唐。特别是 20 世纪、21 世纪以来，为节约用地，社会全面推行火葬，亦从政策层面逐渐压缩墓葬风水的社会需求。纵然如此，另一方面我们也须清醒地认识到，在社会急剧转型的今天，移风易俗的问题，破旧立新的问题远未解决。如何去伪存真，存菁去糟，合理利用风水文化中科学与健康的民族文化心理部分，与传统文化智慧，使之为人与环境的和谐，传统与现代文明的圆满融合服务，仍然是现代语境下亟待解决的一个重大课题。

不管怎样，我们都不能忘记的是，我们今天之所以能够幸福地生活，首先是拜祖先所赐，倘若没有历代生命的创造与传承的话，也就没有我们悠久的历史与灿烂的文明，不能成就我们拥有的今日。正因如此，我们应该经常以感恩之心来祭祀缅怀祖先，这样才能与子孙后代产生一种恒久而温暖的联系。换句话说，只要你重视祖先，重视维系血脉与骨肉亲情，慎终追远，上行下效，将来你的子孙也一定不会忘记曾为生命一环的你，生生世世，循环往复，直至永远。

【蜀都家谱】

多约 族规 家训

清刻本《黄氏宗谱》中的《族议节俭家规》

  族规家法是宗族家族成员共同制定的、用以约束和教化族人的宗族法规，是家谱中的重要组成部分。其名称各异，种类很多，诸如家规、家约、家戒、家法、家礼、家典、家仪、家条、族规、族约、祠规、祠约、规范、规条、规矩、条规、戒谕等。在古代，越是大家族，家规越多、家法越严，

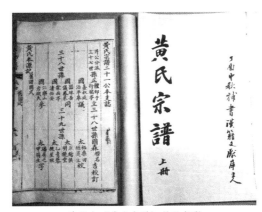

清刻本《黄氏宗谱》封面书影

几乎涵盖家族生活的方方面面。古人将能想到一切可能发生的情况一一罗列，苦口婆心，严防死守。我们今人不得不佩服祖先们教育子弟的严格细致。这样不断地提醒和敲打子孙后代，今天看来也还是很有必要。

  清刻本《黄氏宗谱》中《族议节俭家规》，原文为文言文。以下笔者尽可能保存原文，将生僻的地方部分用现代汉语表述。

  《族议节俭家规》开篇有诗云：

<blockquote>
道国节用垂为典章，以奢宁俭圣训煌煌。

我今本此著为义方，子子孙孙谨守勿忘。

言虽琐碎至理所藏，家规能奉奕世有昌。
</blockquote>

黄氏族议节俭家规总论

家有千金，不要妄用一文；勿争虚为体面，勿炫耀而浪费。

一、嫁娶

嫁娶世人竟尚奢华，负债借贷，所费正用处少，浮用处多。金珠满箧，币帛盈箱，綵轿钗钿，极一时之盛观，不若以钱代置庄田，为日后长久之计。

诗曰：

婚姻几见尚奢华，金屋银瓶众口夸。
转眼十年人事变，妆奁卖与别人家。

清刻本《黄氏宗谱》中"族议节俭家规"原文

凡族中男子取（娶）亲，所办礼物为极富家二肘、二鸡、二鱼；中富家一肘、一鸡、一鱼；贫家猪肉一方。无论贫富概行不过礼猪，不打首饰，不缝衣服。

凡族中嫁女，妆奁：极富家箱桌八抬，概用朱红不用漆器。细衣缝一套，银手圈、簪环、锡器、碗盏、铜盆各一套；毡线毯、卧单、洋布被条、细麻帐子各二套。其余布匹、银钱随人量力。中富家箱桌六抬，用黄丹细衣一套，银簪环、锡灯台、木盆各一件；毡子、卧被、枕头、布被、麻帐各一床。贫家箱桌一二抬，用礬（矾）红布，麻帐有无听其自便。无论贫富，概行不装郎，如妻家富而夫家贫者，仍照贫家办奁，其余量力折钱给女作资本。

二、丧事

丧事人子不幸，抱恨终天，衰麻哭泣，此爱亲哀亲之至情也。衣衾棺椁，万不可苟。父母所得者，此耳！一切虚文可省则省，近世修斋忏悔，锣鼓喧天，所谓哀乐。朝廷忌辰，尚且禁止放炮、作乐、演戏等项，何况正值丧期？有诗云：

世情何忍乐亲丧，奠厂开时一戏场。
火炮喧天逾嫁娶，管弦终日胜街坊。
哀声不及歌声大，笑脸甚于哭脸强。
上院曲高和下里，东楼响歇唱西厢。
衰麻窃附霓裳舞，躄踊疑于丑脚装。
吊客衣冠同贺客，原来孝子不悲伤。

祭奠会客家规：极富家只杀二猪、二羊。中富一猪、一羊，切勿多杀以增亲过。贫者祭奠，亦不可少衣衾棺椁，尤不可苟。无论贫富贵贱，总不宜设大奠开，普孝不办找扎，不飘河灯，不放火炮，不用奏乐。凡猪羊堂祭、耍灯、唱戏一切虚文概行戒止；尤不可惑于风水、拘忌房分，久停亲枢。只宜施济放生、舍棺修路或自己诵经忏悔，行诸善事代亲补过可也。凡路引等不宜带入棺内。

三、燕（宴）客

宴饮宾朋，不过叙情而已。费千金办席不可取，纵使珍馐罗列，不过可口片时。若君子之交，淡泊自安，何尝以口腹之欲，误以为酒肉之徒。

凡喜忧事请客，极富家：荤

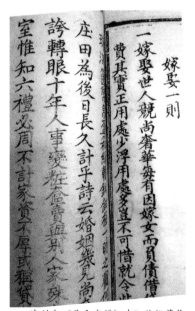

清刻本《黄氏宗谱》中"族议节俭家规"的内容。

菜五碗，闲餐一碗，余用小菜，夜酒杂会二盘，摆茶、糖、食三盆。婚宴标准：长男请客或十席或二十席。其余完配，只请三五席；新年走贺，荤菜三味，茶食二盆；如场街请客，只用荤菜一味。平时亲友往来，荤菜二味。

中富人请客，或八席、十席，荤菜四碗、闲餐一碗，余用小菜，夜酒杂会二盆，茶食二盆。新年荤菜二味，茶食二盆；场街小菜兼荤菜一味；平时荤菜一味。贫家请客，或三席五席，荤菜三碗，余用小菜；新年荤菜一味。

无论贫富，治酒不用鸡鸭、海参、鱼肚等菜，不用小摆，不用点心，不设送路酒，不请年酒。

四、馈送

馈送礼仪，人所不免，今日婚丧庆吊，往来馈赠，动辄要几百，几千甚而十千之多者，在彼以为不如是即不体面，岂知亲戚朋友，贵能久远，而不在眼前体面。

凡大小喜忧，送礼标准：极富家送钱一百文，中富家送钱八十文，贫家送钱四十文。送三族至亲者，贫富俱照前加一倍。

岳父满十生期，极富家送钱一千文，布衣一件，闲生仍照常礼加一倍；贫家送钱二百文，闲生照常礼。贫富奠期送礼，各照满十礼加一倍。凡朋友子弟入学，照常礼加一倍；至亲加二倍，同胞弟兄、子侄、女婿、外甥加四倍。朋友子弟中举，照常礼加二倍，至亲四倍，同胞弟兄、子侄、婿甥加十倍。还礼者，照数相还。

添外男外女，极富家送鸡四只、蛋三百枚、折衣礼钱四千文；中富家送鸡二只、蛋二百、折衣礼钱二千四百文；贫者鸡一只、礼钱四百文。族亲添丁，贫富照常礼加一倍，送蛋十个；朋友照常礼只送（猪）头一个。亲友往来，彼此不用手信。新客小娃，不必打发，不开轿钱。凡办会酒，每人钱四十，有余均分；愿戏化钱，极富二百文，中富一百文，贫者四十文，新年不招灯戏，各灯贺不待酒饭。

五、饮食

饮酒易乱性，世人嗜酒无厌，遂至形骸颠倒，礼法丧乱，骂座卧街，凌上犯法，败家亡国，损身害命，岂不痛哉！曹月川诗云："养性勿贪昏性水，成家宜戒败家汤。"正谓此也。

凡闲时饮酒，极富家一日一饮；中富家三日一饮；贫家六日一饮。无论量之大小，总宜节饮，宴客酒至半酣摆饭。不可过劝，勿吃早酒，勿贪夜饮。至于行令猜拳、摇骰赌量、滥饮狂歌概行不许。幼男弱女不准吃酒。

食肉标准：极富家十日一大荤，五日一小荤。年六十者，六日一大荤，三日一小荤；七十者，三日一大荤，一日一小荤；中富家二十日一大荤，十日一小荤；年六十者，十日一大荤，五日一小荤；七十者，五日一大荤，三日一小荤。贫家一月一大荤，半月一小荤。无论贫富，事有年父母酒肉，随其所好，不必拘数，为父母者，亦宜惜福，不可妄贪口腹。

六、服饰

服饰所以彰身，然不可过分。考古制，庶民男女衣服不得用金绣；奴仆、优伶、皂隶不得服用缎纱及各种细皮。

极富贵家，衣穿宁绸、大绸、绫子、羔子、细皮等类，冷热各一套；布染毛宝、深蓝各样正色。中富绅耆，衣穿宫绸、哔叽、茧丝、羔子等类，冷热各一套；布染苏蓝、毛蓝、油登正色。贫者衣穿棉布、夏布等类，布染毛蓝、月蓝、月白。无论贫富，男子未冠者，不得穿绸缎、皮货及各样绀色衣服，不穿蓝袜、花鞋，不缝阴膀行褂，不用洋扣滚边，不带（戴）玉器、吊刀，不带戒子（指）、摆包。

妇女首饰，富贵家只带手圈、簪环、线草花、挖耳。中富家带簪环、挖耳、花草；贫者耳环、花草。贫富粗细衣服俱照女子未嫁者，概不得穿绸缎，不带金玉、玛瑙、翠花、银围版锁、牙芊片花、吊子等；各类衣服概不滚吊绣花边、栏杆缎子；不穿毛红冻绿，不带船头，不穿木底。凡一切卧单、枕头、鞋带、脚笼、帕子、概不挑花绣字。

七、居室

居室之设，蔽风雨、别内外、防盗贼而已。今人稍有余积，便欲更新宅第，高其栋宇，大其堂室。而甚者雕刻花草、别筑亭台，此不惟浮费益多，且越礼犯分，居之不吉。况屋既高大，则罗列器具必多，又衣必华美，方能相称。于是置车马、畜婢仆、吹弹歌舞，种种奢侈，恶习无不接踵而至矣。

《礼记》云："凡为宫室，必别内外，男仆居外，女婢居内；男不令入，女不令出。"观此则古人造屋，前面必有小屋一二层，而厅堂、寝室在三四层。则内外之界，整齐而致用，亦便利。今人多以门楼为首，厅室继之，不但前无余室，后亦无余屋，大不适用。其地窄狭者，不宜高大堂室，当多留余地，旁建侧室以安置灶碓、碾磨、栏厕及工人栖息之所。庶几得用，总不可雕画花草，丹楹刻桷；不可造戏台、耍楼、水阁、凉亭、花园、闲院及一切无用之屋。

八、器用

器用惟（唯）宜朴素粗牢，不可贪图精美。若尧舜用瓦杯土陶，上古天子尚节俭如此。而桀用漆器，纣用象箸，华丽奢侈，天下大乱。

极富贵家，桌几用漆不加雕镂，不用金贴。一切木器，不得用紫檀、花梨、乌木、黄杨等料；不置古董器皿、象箸、银杯及玩好之物；瓷器、铜锡概不雕刻名花，刊镶金玉。宜买古今书籍，刊刻善书。中富者更宜仆（朴）素，凡金漆雕刻，瓷瓶皮箱，概不宜用。惟（唯）祀天地祖宗，无论贫富，凡桌几杯箸，一切祭器，务求精洁，不得以寻常器用例之。

九、物命

物命宜惜，礼曰："断一树，杀一兽，不以其时，非孝也。"孟子曰："见其生，不忍见其死；闻其声，不忍食其肉。"今人宴会无虚日，一席之鸡鳅鳝之嘱，所杀不计其数。庖人求鲜，虾非跃跃不尚，鱼非跳不用，相习成风，日复一日，嗟乎！劝君休杀命，背面复生嗔，吃他还吃汝，循环做主人。

惟（唯）祭祀可备三牲，不宜用生物，大小喜忧事除猪、羊外，不宜用生物上席。娶亲、生子、母难、求寿、求嗣尤宜戒杀放生。馈送亲友仪节，不得用烧豚、鸡鸭、生鱼及豚蹄。凡营生，勿习畋猎、捕鱼、屠宰六畜及伤一切物命之事。宜戒食牛、犬、龟、蛇、鳅、鳝、蛤蟆等类。

十、五谷

古圣王贵五谷而贱金玉，金玉不能养人也。五谷诚以为天地至宝，活人之命，得之则生，不得则死。令人心不古，饱暖者，多暴珍之罪，力田者亦忘稼穑之艰辛，昔遊民妻倾饭喂猪而遭雷劈；袁大蔡以纵仆抛撒粮食而被冥拘。践五谷者其知所警哉！

五谷食用标准：极富家方可一日三餐，尽米饭，中富家只可二餐兼杂粮，一餐煮稀饭，贫者只宜一餐兼杂粮，一餐尽稀饭。无论贫富皆宜、爱惜，慎勿抛洒，慎勿任其踏，尤不可撒粮喂鸡肥猪及一切熬糖煮酒，概行戒止。

十一、家教

家教之道贵在男女各有职业，心有所向，身有所拘，若饱食终日，游闲无事，必流入酒色赌博。游荡飘流，无穷恶事从此出，虽家累千金有何益哉？

择业不可不慎，男以耕读为本，女以纺织为要，一切伤生害命，损人利己之事不可为。

贫富子弟，聪明者，送读成名；愚鲁者，即命躬耕。勿论士农工商，各习一业。勿游手好闲，勿旷工废业，勿奸淫偷窃，勿作歹为非，勿窝娼窝盗，勿玩戏玩灯，勿钓鱼打网，勿习染邪教，勿妄交匪人，勿杀牛屠狗，勿丧德败行等事项。妇女则教以弹花纺线，织布绩麻，以及喂猪养蚕，操理家务，切不可挑花绣字。勿入庙宇烧香，勿乘车游览，勿观灯看戏，勿踏青赏花。杂货临门，勿令新手交易；凡算命看相，及一切闲杂游人，勿令入室。每月初一、十五，各家内外，宜得叩朔叩望，更宜宣讲《圣谕》及古今嘉言懿行，以陶淑性情。

十二、洋烟

洋烟之害，朝廷之禁严矣。而禁之愈严，犯之愈众；防之愈密，染之愈深；戒之愈详，背之愈甚。富贵贫贱，相习成风，执迷不悟，烟毒之害，累及自身，流毒子孙，甚于嫖赌。嫖赌无钱可丢，鸦片上瘾，即刻难捱，破产家，亡身绝嗣，岂不大可哀哉！愿我族人，未吃者宜防失足，已吃者，急早回头是岸。

子弟居家，不准吃鸦片烟，不可栽种，不可贩卖。凡大小喜忧事，亲戚往来，概不准开灯。上瘾者虽至戚不得久留。

十三、争讼

争讼无赢家，破财费时，使心寻路径，纵赢亦愧于神明，负者不服，讼不休，所费财物，十倍于所值。范文正公有诗二首，说得最为生动形象："此小言词莫若休，不须经县共经州，费钱受气赔茶酒，赢得猫儿卖个牛。"另外一首："词讼甚休且便休，饶人一著最为优，安家守分身无碍，免去赔钱作罪因。"

凡族内人有为财产是非口角事务，必经凭族中房长理论。曲者轻则议罚，重则处以家法，不致成讼，免失和睦。若有好讼逞强之徒，未经族人理谕，擅敢先行控告者，即用家法自治。如本族人与外人争讼亦宜禀明房长，付之公断，亦须委曲调停，以免构讼受累。

十四、嫖赌

好嫖者，苦于色欲一关，不能斩以慧剑，必多妄想，必多忧思。及其苟合，又恐其一朝败露，失体面，犯宫刑，弥缝掩饰，贪此一时之欢，贻一生之戚戚。况万恶淫为首，天地人神所共嫉，报应俱在，按籍求之。

好赌者，始为贪心重。打牌掷骰于市井中，日复一日，不能自拔。资罄矣！恒产废矣！称贷积矣！前人铢积寸累，败家子一掷而光，岂不痛哉！

凡夫妇正色，贵在有节，非分之色勿视，勿起淫心，勿淫人处女，勿淫人妻，勿淫寡妇，勿淫人妾，勿淫婢女，勿淫仆妇，勿淫乳妪，勿淫尼姑，勿恋狡童、小旦，勿观灯戏，不藏淫书淫画。外来男女，不可杂坐，不可同席，不手授物，不说笑言。不结干亲，不交荡妇。外戚不入内室，雇工不入厨房。

无论老少男女，不许打牌掷骰，不许开场赌钱，不许下棋赌博，不许打头放稍。一切盘剥、设计、引诱、狐朋狗党、浪子匪徒，概行杜绝。

十五、居官

居官不可作自己受用，是以我为造福世人，非为自我享福。如其为享福计，官署则欲华美，器用则欲精工，衣服则欲都丽，饮食则欲甘美。欲良田万亩，广厦千间，竭民脂民膏，以供享受之用。清夜自思，上天肯宽我乎？又何以对君上乎？

凡族内弟有出仕者，务必躬先俭朴，免染奢靡之俗。一切衣服、饮食、官室、马轿以及婚丧嫁娶，即便是极富家，规格也不得过丰。至于翡翠、珠宝、金银、首饰、古玩、器皿、修造、亭园概行不许。无论在署在家，严戒子弟，不可稍染官家习气。若有余资，宜周济族内之贫困者。

十六、施济

财用不可积，亦不可散。财产所余既多，则施济宜广。古语云："积钱与后人，不如积德与儿孙。"

孝养父母，不可吝惜。建造祠堂，隆重祭祀，倡修宗谱，修彻祖坟，广置义田，救苦救贫，多设村塾，以造人文，修桥补路，舍药施茶，送地施棺，时行方便，阴功种种，子孙福田。

凡理家之要，要量入为出。宜将一年之入，分作三股，一股储蓄，以防凶荒不测之需；一分做功课，济施之费；一股为衣食之用。

以上所立各条规事，虽近于琐碎，实为救世之良方，亦保家之善

乡约　族规　家训

则。凡我族人，遵守一世，可振家声；世世遵守，克昌厥后。若有乱法越规，是为不肖子孙，人神得而罪之矣，世世子孙各宜凛之慎之。

光绪甲午年秋八月阖族公之义节俭家规

《钟氏族谱》中的二十条家法

"家法"是宗族成员共同制定的、用以约束和教化族人的宗族法规，也是古代家谱中的重要组成部分。其名称各异，如家规、家约、家训、家戒、家礼、家典、家仪等。远古时代，人类社会经历了部落氏族、宗族、家族、家庭的变迁，家庭成为一个国家的最基本的细胞。在社会动荡不安和国法不明确的情况下，一个家族为了维持必要的法制制度，拟出行为规范来约束族人，家法家规起了很大的教育惩戒作用。同时也具有稳定社会秩序的力量。因为古代乡土中国的实质是宗法制度、乡邦社会。在特定的历史条件和生存环境中，一代代族人恪守家训、传承家风，一个

笔者所藏民国石印《钟氏族谱》封面

家族才得以绵延数千年而不绝。此《钟氏家法》为文言文，为阅读方便，笔者将其中个别字句用现代汉语叙述，需要进一步说明之处，另加按。

一、居丧嫁娶

凡在父母及丈夫守丧期内擅自嫁娶者，杖一百（用棍棒打一百下屁股）。如果男子在居丧期间娶妾（小老婆），妻女嫁人为妾者，各减二等；如果其身份是诰命妇（诰命夫人），夫亡再嫁者，罪亦如之，要追夺她的诰命身份，强行与结婚对象分开。如果在祖父母、伯叔父母、姑兄妹丧期内嫁娶者，杖八十，妾不坐（小老婆不受牵连）。

乡约　族规　家训

（按：古代父母守丧期是三年，也就是说三年之内，不能谈婚论嫁。现代《婚姻法》对此时间段内是否能举行婚礼，没有具体规定。一个家庭的丈夫去世后，妻子改嫁的，宗谱中一般用"曾娶某氏"来表述）

二、同姓为婚

凡同姓为婚者，各杖六十，命他们分开。（按：从优生优育的角度来看，古代同姓通婚可能有弊病，但现代《婚姻法》对此条亦无禁止，现实中同姓通婚者比比皆是）

三、尊卑为婚

亲戚之间，若无血缘关系，但有长幼尊卑关系，皆不能成婚，违者各杖一百。如果娶自己的姑舅两姨姐妹者，各杖八十，并令离异。（按：有时爱情让人昏了头，这种现象现在也有，问题是不好称呼双方的亲戚。比如某男在其表哥家玩，碰到一女子，年龄相仿，美丽动人，两人相谈甚契，相见恨晚。可是其表哥称她"小嬢"，她是表叔的幺妹，虽然没有血缘关系，但确实不好办，两人相爱成婚，家里当然反对。你想想，表哥的父亲，你是喊"表叔"呢？还是喊"哥"？他表哥又怎么称呼她呢？是喊"嫂子"，还是喊"小嬢"呢？这不乱成一团？）

四、出妻（休妻）

凡是妻子没有犯古代可以休妻的那"七种错误之一"的，男方恩断义绝，强行休妻的，杖八十。虽然犯了七种休妻过错中的一种，但仍有三种情况是不能休妻的。在这三种情形之下，男方强行休妻的，减二等，要让妻子再回来。不过，也有例外即双方都愿意分手的，就不执行家法了。注意：所有的通奸者皆不在此例。［按：旧谱中一般没有离异的记录，只有"出妻"（休妻）。法律规定丈夫无须经官府同意，即可休妻。当然古代男人也不是心血来潮，想换老婆就写休书一封，打发了事，另觅新欢。对于"出妻"，古人有"七出之状，有三不去之理"。所谓妇人七出：不顺父母、无子、淫、诟、有恶疾、口多言、窃盗（古代的妇女没有家庭财产的处理权，因此只要擅自动用了家庭财产就是盗窃）。此外，还有三种情况是不能休的：妻子无娘家可归的不能休；和丈夫一起为公婆服过三年丧的不能休；结婚时夫家贫贱，与丈夫同甘共苦，后来富贵了的不能休。现在提倡恋爱自由、婚姻自由，离异和再婚现象遂不足为怪了］

五、亲属相盗

凡各位亲戚之间，盗窃财物者，根据关系亲疏远近，分别尊（遵）照《大清律例》减五等、四等、三等、二等、一等处理，只是免于在脸上刺字。如果是晚辈偷长辈的东西，一律不减罪；如果在行窃的过程中把人杀伤或打伤的，从重处理。

六、发冢（盗墓）

凡晚辈挖长辈的坟墓，一点不能讲亲情，应该把他当外人一般扭送司法机关，处斩刑。如果挖开墓地，抛弃尸体、打算把墓地卖了的，一样处斩刑。如果有人胆敢充当买卖墓地的中介人或知情不报者，各杖八十，追回所交易的钱财，送入司法机关。如果是长辈挖了晚辈的坟地，并打开棺材，看见尸体的，只杖一百，判三年徒刑。如果是依礼迁葬者，不在此例。《大清律例》规定：凡子孙发掘祖父母、父母坟冢的，均不分首犯从犯，皆绞立决（绞死立即执行）见棺椁者，斩立决（斩首立即执行），开棺椁见尸者，凌迟处死（活剐），其子孙俱发往伊利当差。（按：古人对挖祖坟是非常忌讳的，那可是要跟你拼命，他们认为你断了他家的"龙脉"，坏了他家的"风水"，故为重罪。所以，今天搞城市建设，要善待那些老坟堆，不要作为无主坟，开去大型机械，一推了之）

七、谋杀祖父母、父母

凡谋杀祖父母、父母及外祖父母，夫之祖父母、父母者，已行者皆斩，已杀者凌迟处死。

凡有谋杀长辈的动机或行为，杖一百，流放二千里；杀伤长辈者绞刑，杀死长辈者凌迟处死。如果家里的奴婢及雇工谋杀家长者，罪与子孙同。凡涉案人员，分别首犯从犯，处斩绞监候（死刑秋后问斩）。

八、尊长被人所杀家人与其私了

凡祖父母、父母及夫为人所杀，子孙、妻妾、奴婢雇工与人私了，杖一百，徒三年。如果收了别人的财物，以窃盗罪从重论处。（按：古人云："父母之仇，不共戴天，兄弟之仇，不与同国，不申告于官则无以白其冤，讼仍不得已者。"）

九、妻妾殴夫

凡妻殴夫者，杖一百，丈夫想离婚的，可以休妻。如果妻子打伤丈夫，造成终身残疾者，处妻子绞刑；如果打死丈夫者，处斩刑；如果系有意谋杀的，凌迟处死。如果是丈夫殴打妻子，没有打伤的，不追究责任，打伤者减二等。打死妻子的，处绞刑。如果丈夫打伤自己的妾，比打伤自己的妻子的罪再减二等；如果打死自己的妾，杖一百，判三年徒刑。如果是妻子打伤妾，与丈夫打伤妾同样处理，如果是过失性打死，可以不追究。（按：这可以看出古时候男女的不平等，妻与妾的地位相差天远地远）

十、殴打长辈

凡族中晚辈殴打长辈，根据亲疏远近，处杖一百或杖六十，徒刑一年。打伤者加一等，打残者处绞刑，打死者处斩刑。如果是长辈打晚辈，如果没有打成重伤，不处理。打成重伤的，根据关系的亲疏远近，分别减罪二等、三等；打死的，要处绞刑。

凡弟妹殴打兄姊者，杖九十，徒二年半；如果打伤，杖一百，徒三年；打成残疾的，杖一百，流放三千里。如果敢用刀子，杀伤或戳瞎其一目者，处绞刑；杀死者，处斩刑；故意谋杀者，皆凌迟处死。

十一、殴打祖父母及父母

凡子孙殴打祖父母、父母及妻妾殴打丈夫的祖父母、父母者，皆斩。如果打死，皆凌迟处死；如果属过失杀者，杖一百，流放三千里；过失打伤者，杖一百，徒三年。（按：打骂父母尊长，自古都是重罪，不仅法律不饶你，老天爷也要天打五雷劈。《大清律例》规定：继母告子不孝，打骂者，官府还要拘捕四邻亲族人等，审查是实，依律问断，若有诬陷，即与辩理。如果继母身上有明显伤痕，打骂者自己也承认的，可以不拘捕四邻亲族。媳妇打死公公或婆婆，如果丈夫知情不报，拟处绞立决；如果丈夫不知情，只是没有看管好自己的老婆，要先重责四十大板，并责令他在刑场上亲眼看着自己的老婆受凌迟之刑。之后，让这个丈夫带上重木枷，关一个月，刑满后，再打四十大板，听候官府发落）

十二、妻妾与丈夫亲属相殴

妻妾殴打丈夫的亲戚长辈，与丈夫殴打同是一个罪。如果打死了人，即处斩刑。

十三、父祖被殴

凡祖父母、父母被外人殴打，作为子孙，当然要马上保护。如果没有把别人打伤、打残，族里当然不追责；有把别人打伤打残的，家法减三等处理；如果把别人打死的，就要按法律规定处理了。（按：《大清律例》规定：人命案内，如有祖父母、父母及夫被人殴打，实际情况又非常危急，其子孙及妻救护心切，火头上难免冲动，如果失手打死了人，这种情况是要减等的。援例官府要把具体情况上报到皇帝那里，因为中间有一个"孝"字，是社会所提倡的，至于判不判死刑，还得等皇上下旨定夺。当然还有一种情况，是你祖父母、父母寻衅滋事在先，儿孙一拥而上，仗势人多把别人打死，就不在援危救急之例，只拟减轻处理）

十四、骂尊长

凡弟妹骂哥哥、姐姐的，根据族中关系的远近，如兄、堂兄、表兄等等，处以鞭笞五十，杖六十、七十、一百不等。如果是骂伯叔父、母姑、外祖父母者，各加一等。这些情况必须是有人告状才受理。

十五、骂祖父母、父母

凡骂祖父母、父母及妻妾骂夫之祖父母、父母的，处以绞刑，也必须是亲告乃坐。（按：今天看来此罪处得太重。一大家子住在一个屋檐下，难免有此摩擦。现在朋友圈里，经常有人转些不肖子孙打骂父母老人的视频，真是不可思议，要放在古代，后果不言而喻）

十六、干犯名义（侵犯名誉）

凡子孙告祖父母、父母，妻妾告夫之祖父母、父母者，杖一百，徒三年。如果发现是诬告，诬告者处绞刑。（按：古代如果告长辈父母等至亲谋反大逆、谋叛、窝藏奸细等大义灭亲的，不在干犯名义之内，官府是允许的。这里所说的告是指因诬告而损害长辈的名誉）

十七、子孙违犯教令

凡子孙违祖父母、父母教令，及奉养有缺失者，杖一百。子贫不能养，因而导致父母自缢身亡者，杖一百，流放三千里。

十八、纵容妻妾犯奸

凡纵容妻妾与人通奸，丈夫、奸夫、奸妇各杖九十。

十九、亲属通奸

凡与同宗同辈亲属之妻通奸者，杖一百，徒三年；强奸者斩。如果与同宗长辈亲属之妻通奸者绞，强奸者斩。如果是与祖父的妾，伯叔母姑姐妹或者子孙之媳妇或与侄女通奸者斩。妾犯此条，可罪减一等；强奸者绞刑。

《大清律例》规定：凡亲属和奸，律应死罪者，若强奸未遂，发边远地区充军；调奸未成，杖一百，流放三千里。[按：《大清律例》规定："强奸者绞。"凡强奸者都判绞刑。未成年者判"流三千里"；如果"强奸十二岁以下幼女因而致死，未至十岁幼女诱去强行奸污"者，"照光棍例斩决。""强奸十二岁以下、十岁以上幼女，斩候。""奸未至十岁之幼女，斩决。""和奸者仍照虽和同强论律，绞候。""强奸十二岁以下幼女未成（未遂），发遣黑龙江。"可见自古以来，强奸都是重罪，强奸幼女更是重罪，杀无赦。清代对办案人员不力者，亦有追究，"一人强奸幼女幼童及妇女已成脱逃"者，"限六个月"缉拿归案。如果"承辑限满不获"，办案人员会被"罚俸一年"（扣一年工资）；"再限一年缉拿，限满不获，罚俸二年"]

二十、居丧犯奸

凡在父母丧期内犯奸，或在自己丈夫的丧期内与人勾搭成奸，各加凡奸罪二等。

以上各律，均一定不易之径，而国朝于各律之下，加以条例，可谓法良意美，无微不备了！今后以此来权衡天下，希望我族子孙，在读谱之余，也学学法律，随时警醒自己，千万不要犯法。如果自甘堕落，成为罪大恶极之人，自然辱及祖先，为同族人中的异类，为人所不齿，有何面目对钟家列祖列宗？若能触目警心，触类旁通，自励励人，成为一个遵纪守法的好人，成为一个对国家、对社会、对家族有益的人，这哪里是你一个人的幸事，这分明是全宗族的光荣啊！跋此数语，与我们钟氏全族人共勉。

钟人纪再识

《蓉城叶氏宗族全谱》：撰修家谱章程凡例九条

这一支叶氏先祖为明代著名大臣叶梦熊。叶梦熊，字男兆，号龙塘，明代惠州府城万石坊 (今属惠城区) 人，程乡 (今梅州市梅县区) 叶梅实迁惠之后裔，嘉靖四十四年（1565）中进士。历任赣州知府，安庆知府，浙江副使，永平道兵备，山东布政使，巡抚贵州、陕西、甘肃。因战功升左都御史，兼兵部左侍郎，赠太子少保、太子太保，升兵部尚书、工部尚书。

笔者所藏民国铅排本
《蓉城叶氏宗族全谱》封面

众所周知，凡撰写族谱者，皆须沿用一定体例，所谓"不以规矩，无以成方圆"，体例不仅体现撰写者修谱的指导思想，而且开宗明义地阐明了其具体使用的编修方法，是撰写和理解家谱不能绕过的入门指南。《蓉城叶氏宗族全谱》中有篇《撰修家谱章程凡例九条》，笔者认为很有意思。原文以文言文撰写，加之历史背景睽隔，为了让一般读者能读懂，为今日欲续修家谱者提供借鉴，笔者谨将部分字句译为现代汉语并作按语，做进一步说明：

族谱就是家史，当以真情实况记录。有个别人冒充同姓，炫耀自己的祖先，以欺骗后辈子孙的就是假的。如果先辈不知详情，宜效仿苏老泉先生修撰家谱的方法。以前不知道的情况，千万不要乱编。今天这个家谱《蓉城叶氏宗族全谱》是以闽浙置制使叶梦熊为始祖。曾南丰先生曾说："真实的记录是对祖先们最大的尊重。"如果乱写乱说，则诬其先人，后辈子孙不可不谨慎啊！

按："苏老泉先生修撰家谱的方法"指北宋文学家苏洵创立的一种修撰谱牒的体例和方法。苏式世系表的特点是：世代直行下垂，世代间无横线连接，全部用竖线串联，图表格式也是由右向左排列的，主要是强调宗法关系。

在表明撰修家谱的基本指导思想及指定仿效途径后，"凡例"按照家谱撰写的内在逻辑逐一厘定。

第一条：撰修家谱，以欧阳文中公的样式为蓝本，先明确五代之后的关系，即高曾祖父己，以此类推，明九族之义，再修十三世之义，再修十七世义，祠堂世分图，都依此法。

按："以欧阳文中公的样式为蓝本"是指北宋文学家欧阳修创制的一种修撰谱牒的体例和方法。它包括谱图序、谱图、传记、谱例等以表格图式记录的人物世系及旁支分支。欧式的特点是：世代分格，由右向左横行，"每五世一图"，每个世代人名左侧，都有一段生平记述，介绍该人的字、号、功名、官爵、生辰年月日、配偶、埋葬地、功绩等。用起来很方便，民间修谱多采用此法。

第二条：撰修家谱，要记录先人的名、字、号。其中有德行的、有长寿的、有官位的都要一一记录准确。他们对家族有什么贡献，有什么嘉言善行，有什么经历都要一一记清楚。还有他们的生卒年、月、日、时要记准确。他们的配偶名字、生了几个孩子都要记下。其中有的妇女有妇德，受朝廷表彰的也要记下。他们的正妻之外，有续弦的，有庶妻、有姬妾的，都要记下，这样才好分别嫡庶关系。

按：首先，"记录先人的名、字、号"。"名"即谱名，"字"即人的表字。一般为人们平时习惯称呼的名字，如刘备字玄德；"号"指名和字以外另起的别号。古时，一般为年长者或有名望者的自称，如苏轼，字子瞻，号东坡居士。现代人一般不讲究这些了，名字即谱名。有的宗谱，谱名以字辈排列，如孔氏宗谱从七十一世至八十世字辈为"昭宪庆繁祥，令德继垂佑"，所以孔祥熙为七十五世，孔令辉为七十六世。

其次，宗谱中，男子结婚的专用字为"配"。如果高攀公主、郡主，则用"尚"字。"配"和"娶"意思是有区别的。配、继配都指女子是初婚，娶、继娶都指女子为再婚（即再醮者），所以不能擅将宗谱中之"配"改为"娶"。

最后，古代，女性成员没有上谱的资格。但家族中，个别女性有特殊的表现，得到贞节牌坊，为家族增了光，家族以此为荣，并借用女儿节烈以光宗耀祖，提高宗族的声望，于是给以"树碑立传"的优待。因此，女儿是否具有上谱并得到立传的资格，关键在于贞节与否。

第三条：世系之书，主要在于严明宗法制度。其中主次长幼要记录分明，如正妻之子，孟为长子，仲为次子，季又为其次子。长子的儿子虽年幼，但他是宗子，按规矩应该写在前面；老二的儿子，虽然年长，但他毕竟是支子，按规定应当记录在后面。所以，只有当长房记录完毕，然后再依次记老二、老三、老四等的家庭情况。

按：早期的家族制度，主要表现形式就是"宗法制度"，其核心是"嫡长子继承制"。宗法制度是由氏族社会父系家长制演变而来的，是王族贵族按血缘关系分配国家权力，以便建立世袭统治的一种制度。按照周代的宗法制度，宗族中分为"大宗"和"小宗"。周王自称"天子"，称为天下的大宗。天子除嫡长子以外的其他儿子被封为诸侯。诸侯对天子而言是小宗，但在他的封国之内却是大宗。诸侯的其他儿子被分封为卿大夫。卿大夫对诸侯而言是小宗，但在他的采邑内却是大宗。

第四条：如果本族长房无子，可以立本宗过继之子为嗣，只是在下面用一行字说明是由某人之子过继立为嗣子。这样就保证了每一个人都有一个儿子能传宗接代，源远流长了。

按：旧时承嗣（过继儿子）有严格规定，一是必须得到宗族同意。二是在辈分上必须一致。三是亲疏上应该由近及远。承嗣的目的，主要是延续香火，同时也为继承财产。现在生男生女都一样，也就不存在"出嗣"和"入嗣"了。

第五条：女儿嫁人的，为别人家生儿育女，难以考查，可以不记录她嫁给了谁。

按：中国传统家谱是父系制的家族历史，它的记载多以家族男性成员为主，辅以其配偶。作为家族的女性子嗣，多数家族认为"女则以夫为家者也"，而且出嫁后姓氏也要更改，这样在一定程度上可以说出嫁后的女儿便不再属于自己的家族，所以不同于作为家族血脉传承人的男性，因而不必记录到家谱中。一些家谱凡例中甚至明确规定"无子而有女者则书无嗣"，女儿被宗族组织、社会观念剥夺了继承家族血脉的权利，这是旧族谱的糟粕。

《叶氏族谱》中钤有一方朱印，印文很有意思："祖宗名讳，理宜敬惜，污手勿翻，秽室勿置。"可见古人敬畏祖宗之心

乡约 族规 家训

第六条：子孙在记录先祖名字时，一定要加一个"讳"字，这样就不至于冒犯祖先的神灵了。

按：古代宗谱中祖先的名字称"讳"，也就是说对祖先和尊者不能直呼其名，要避讳，否则就是大不敬。

第七条：如果族内有某位先人的事迹，值得后人称颂，可以把他们的《行状》《碑传》附录于后，以永垂不朽。本族男子只有年满十五岁以上者，方有资格上谱；如果有未满十五岁就夭折的，下次修谱时，就要删除他的名字。

按：族中男子未满十五岁就去世的，谱上一般注明"早殇"，或"早卒""早亡"。有的家族再续修族谱时，会将族中早殇的、犯罪的、被朝廷杀头的、被赶出家族的统统剔除家谱，引申演化而来就是我们常常说的此人"不靠谱"的意思。

第八条：每次重修族谱，必须请当代名人君子作序言。还要多印几部，以防战乱变故时丢失。每家人收藏一部，即使一两家人丢失，也不会有家族失谱之憾。

按：家谱序言，不少家族往往请当代名人、军政要人作序，星沾月光，或拉大旗作虎皮，提升家族的荣誉感与认同度，或旨在炫耀家族的名声，古今皆然。宋代的朱熹、欧阳修、文天祥等皆是作序之大家。

第九条：世系之前后顺序，按例是以嫡长子为正宗，其他为旁支。如果嫡长子没有了，则以次嫡之子继之。无次嫡之子，则以庶长之子继之。但以嫡、继、庶为先后顺序，不以长幼为顺序。嫡出者要注明是嫡，继出者注明是继，庶出者注明是庶。不可乱也。

按：古代宗法制以血缘关系为纽带，等级关系很严，其核心是嫡长子继承制。正妻所生的长子为嫡子，是大宗，享有主祭的权利。嫡长子的同母弟或庶母弟为小宗。

跋

　　笔者与几位友人爱在成都北书院街喝茶。现在要想找到原汁原味的老成都街道，恐怕难了。不过，北书院街的老茶铺或许还能找回一点点老成都味街巷的影子。说是"影子"，也就是说聊以自慰，不抱奢望。毕竟过去的，永远过去了。

　　准确地说，清末这条街叫"书院四街"，其他还有书院东街、书院西街、书院南街。北书院街街口树有一块标牌，上面文字说明此地系明代"大益书院"的旧址。

　　大益书院的故事，有幸被一名叫陆深的明代官员记录了下来，后被史官编进了《华阳县志》，使我们今天还能清楚地知道书院的兴废始末。据陆深先生在《大益书院记》中讲：明代嘉靖十五年（1536）的冬天，大益书院终于告落成。古代四川称"益州"，又是一个大省，"大益书院"之得名盖缘于此。书院落成之际，当时四川的巡抚张瀚、监察御史陆琳等高官都来参加庆贺，他们对陆深说："这也算是川中的一件大事，你还是记录下来吧。"（以下便是陆深先生的记录，为了便于读者阅读，笔者略译为现代汉语）

　　我从嘉靖乙未（1535）夏到四川来做官，对过去（成都）的情况不甚了解。忙回去查找有关资料，才发现这座书院从大明正德戊寅年（1518）就开始修建。当时负责这项工作的官员是四川提学佥事王廷相。他选择已故宰相万文成公的旧寓，把前堂改建为讲堂，后堂改为宿舍，左右两厢房列为五斋，祭祀先贤；又修大门，又建围墙，这样书院就初具规模了。

后来继任的提学使张邦奇、巡按卢雍、御史熊相等也来学校指导工作，发现书院办得有声有色，师生学者，待人接物，彬彬有礼。官员们很是高兴，主动提出资助书院五百两银子，用于书院的内部装修。

嘉靖甲申年（1524），书院再次得到各级官员的重视，拨专款增修房舍。这些官员也不该被后人忘记，他们是巡抚都御史许廷光、巡按御史黎龙、提学副使欧阳重、成都知府刘天泽、王遵等。后来，又有巡按御史范永銮、刘辅相继花去六百多两白银，买了双流县的水田。这样，书院每年便有四百六十石的租子收入。

上行下效，榜样的力量不可谓不大。此后二十多年间，上下大小官员纷纷慷慨解囊，捐款捐地，捐米捐物，书院不断扩大，人才荟萃，为国家培养了大批德才兼备的人才，诸如内江的赵大洲，便是其中的佼佼者。他于嘉靖十四年（1535）考取进士，后授翰林编修。这些难道不大有益于蜀地吗？我们再来看这"大益"二字。《易经》上说："震下，巽上，其卦曰益。""损上益下，益之象曰：迁善改过。""损上益下"是讲：国家或政府受点损失，但让老百姓得到了实惠好处，这不就是政治吗？让老百姓都知道朝着美好的方向努力，不断改正自身的过错，成一个合格甚至优秀的市民，这不就是最好的学习吗？政通人和、天下太平，不是每一个统治者都希望看到和达到的目的吗？大益书院正得其名啊，完全可以与岳麓书院、白鹿书院媲美了，这样的好人好事，我能不记录下来吗？

可惜，好景不长，明代万历年间，张居正当政，下令全国废书院，这大益书院自然也难逃厄运。后来，万历十五年，南昌人郭相奎到四川来任提学使，在书院遗址上题写"大儒祠"三字，改其为祭祀先贤大儒的祠堂。祠因为祭祀周濂溪先生，故又名"濂洛祠"。

再后来，大儒祠明末毁于兵燹；清代旧址被江西人买去，改建为江西会馆。

到今天，会馆早已成为大杂院，难觅书院半点影子了。

2017 年初夏，北书院街茶聚，茶友之一四川大学锦城学院教授谢天开先生聊到自己正在写一本书，书名暂拟为《蜀都竹枝》，并欲与谭红女士《蜀都茶事》、张义奇先生《蜀都水香》构成一组老成都文化系列丛书。天开随口补了一句："不过目前才三本，如有四本就好了。"说者无意，听者有心，笔者顺便多嘴一句："在下愿给补上一本，写四川旧族谱的，取名《蜀都旧谱》，你看如何？"天开一听，大喜道："好啊！要得，要得，你下来先拟一个提纲或目录看看。"不久笔者便拟出目录、提纲。承蒙西南交大出版社易伯伦副社长、郭发仔编辑的支持和认可，包括本书在内的几本书的方案报到出版社，很快就获批准通过，并将作为该社 2018 年重点推出的书籍出版，得蒙不弃，拙作问世，谨在此聊致谢忱。

写《余氏族谱》时，有幸得到流沙河先生的指教以及其弟余勋禾先生的帮助，在此表示感谢。本书的责任编辑居碧娟女士，为本书提出许多宝贵的修改建议，在此表示感谢。

茶友冯至诚先生订正了书中不少讹误，并题词鼓励，在此表示感谢。茶友张义奇、董维微、曾志中、雷文景、王跃诸先生，都给予本书许多很好的意见和建议，在此一并表示感谢。

最后，我还要感谢我的妻子，是她将本书的每一个字用五笔法输入电脑。

2018 年 2 月 25 日

彭雄记于汉籍文献库